SPORT
VERLAG

OPEL

Steffi Graf

SUPERSTAR

Porträt von
Hans-Dieter Schütt

Sportverlag Berlin

Idee und Konzeption der Reihe SUPERSTAR:
Raymund Stolze

Herausgeber und Autor Hans-Dieter Schütt betreute bereits die SUPERSTAR-Bände über Reinhold Messner, Toni Schumacher und Rudi Völler. In Vorbereitung ist ein Buch über Lothar Matthäus.

Die Deutsche Bibliothek – CIP-Einheitsaufnahme

Schütt, Hans-Dieter:
Steffi Graf : Superstar ; Porträt / von Hans-Dieter Schütt. – 1. Aufl. – Berlin : Sportverl., 1993
ISBN 3-328-00581-1

Erste Auflage
Fotos: Initiative FAIR GEHT VOR (1), Adam Opel AG (3), Peters (1), Sven Simon (13)
Einbandgestaltung: creAtiv Werbeagentur GmbH Berlin
Titelfoto: dpa

Printed in Germany 1993
Satz: Theuberger GmbH, Berlin
Druck und Bindung: Ebner Ulm

Gedruckt auf Papier aus chlorfrei gebleichtem Zellstoff

ISBN 3-328-00581-1

Für Sabine

Die einen spielen Tennis und die anderen
Spielen Aufklärung
Aber die meisten sitzen doch auf der Bettkante
Und wissen nicht weiter
Hanns Dieter Hüsch

Sich in irgendeiner Form zu verausgaben, ist vielleicht der beste Weg, sich selbst kennenzulernen, sich selbst zu erleben. Man weiß es, eines Tages, wenn man alles hinter sich hat. Und plötzlich weiß man auch: Die Mühe war das eigentliche Ziel.
Reinhold Messner

Die Begleitung eines Steffi-Portraits in Gedanken bringt auch den Vater, für ihn ganz unmerklich, auf wegeilende Überlegungen.

Wo ist die kindliche, jugendliche und manchmal kesse Steffi verlorengegangen?

Der unbarmherzige Weg, in dem wolgemerkt selbst gewählten Terrain der Tenniswelt, hat auch dem Vater nicht die Muße zugestanden, die Veränderungen und Entwicklungen deutlich langsamer zu realisieren und damit auch zu genießen.
Peter Graf

Stefanie Graf
Ein Annäherungsversuch

Steffi Graf! Falsch. Sie heißt Stefanie Graf.
Die folgenden Anmerkungen zu einer großartigen Sportlerin der zweiten Hälfte dieses Jahrhunderts bemühen nicht die Chronologie ihrer Leistung. Jedes Spiel auf einem Court ähnelt letztlich ohnehin dem Schicksal einer Theateraufführung: Kraft gewinnt ein Match nur aus der Intensität der Erinnerung; mehr bleibt da nämlich nicht. Aber die Gewißheit von Vergänglichkeit schafft besonderen Wunsch und Willen, das Flüchtige festzuhalten. Wenn es sich um Ereignisse von Genialität und rasanter Begeisterungskraft handelt, also: um Stefanie Graf.
Dies ist trotz dieses vorangestellten Psychogramm-Versuchs ein Buch der Selbstzeugnisse. Stefanie Graf erzählt, nicht in zeitlicher Exaktheit, sondern von unterschiedlichen Anlässen bestimmt, ihr Leben. Forschungen in Presse-, Funk- und Fernseharchiven förderten wesentliche Details eines so wachen wie verschlossenen Lebens zutage. Weniger also eine lückenlose Reihung, mehr ein Kompendium, das gleichsam in konzentrischen Kreisen ein Daseinsgefühl offenbart: zwischen Gipfel und grauem Alltag, zwischen Grand Slam und gräßlichem Schlamm, zwischen aufgezwungenem Scheinwerferblitz und selbstgewähltem Dunkel.
Stefanie Graf aus Brühl, eine der weltbesten Tennis-

Damen, hat einen sensiblen Blick für das Groteske ihrer Situation: Was sie für relativ normal und selbstverständlich hält, registriert eine informationsgeile und medienverkorkste Umwelt zumeist als wahrlich sonderbar.
Nimmt Stefanie Graf eine von ihr geschlagene Gegnerin in den Arm, dröhnen Hohelieder der Humanität über die Ticker der Agenturen. Ist sie mürrisch, wird der Chor der Journaille zur giftig-verletzten Diva, die fortan garstigen Unmut in die Welt kabelt. Der Journalist Uwe Prieser: „Es gab einmal eine Zeit, da empörte es sie, wenn sie in einer Karikatur als eiserner Erzengel mit einem von brutaler Entschlossenheit entstellten Gesicht hingestellt wurde, der an die Stelle des Rackets ein Schwert hält. Aus dem Zorn wurde Resignation, und inzwischen steht sie darüber, und von der Resignation ist bloß noch ein ermüdeter Überdruß geblieben, in dem noch Reste von Enttäuschung nachklingen."
Ständig wird diese Stefanie Graf gezwungen, jenseits der Tennisplätze eine Welt geradezurücken, die nicht von ihr selbst projiziert wurde. Was für andere eine gottlob ersehnte und geschickt genutzte Gelegenheit zur Präsentation ist, gerät bei der blonden Brühlerin zur quälend lästigen Begleiterscheinung eines leistungsorientierten Lebens. Tennis als Eldorado der Trittbrettfahrer.
Es ist bezeichnend für eine an Sensationen und den Erkenntniswert von Schlagzeilen gewöhnte Öffentlichkeit, daß der Nerv für die Verletzlichkeit einer Stefanie Graf an Niederlagen gebunden ist. Als sie noch die Nummer eins war, galt ihre Verschlossenheit als Zeichen von Schroffheit und Übellaunigkeit. Mit Abweichungen von der scheinbaren Unbesieglichkeit aber wächst plötzlich das Verständnis für Verweigerung und Introvertiertheit...
„Ich bin anders, als die meisten denken. Gott sei Dank!

Und ich sehe nicht ein, daß ich irgendetwas erklären oder sagen soll: Mensch, ich bin viel offener, als ihr vielleicht denkt. Oder daß ich mir selber sage, nun sei mal ein bißchen anders, damit die Leute das endlich kapieren – das habe ich einfach nicht nötig." Advantage Stefanie Graf!

Sie liebt, als ein Beispiel für alles Seltene, den Schnee – weil er ihr wahrscheinlich so fehlt und in ihrem Leben der sonnenüberfluteten Turnierorte so rar ist wie die Chance, einfach mal alles zu vergessen. Der Wunsch, mitunter in eine ganz andere Welt einzutauchen („ich möchte eine unbekannte Studentin sein, die in einer Cafeteria irgendeiner Universität mit anderen unbekannten Studenten quatscht"), resultiert sehr oft aus jener unbarmherzigen Erwartungshaltung, der Stefanie Graf ausgesetzt ist und die noch den größten Sieg zum Objekt quälender Debatte macht. Als sie 1988 den Grand Slam gewinnt, bleibt in der eigenen Reminiszenz der Streit mit dem Vater um die richtige Taktik in einem gewonnenen(!) Finale. „Ich war damals so fertig. Ich konnte bloß noch sagen, Gott sei Dank, ich hab's rum. Erst im Flugzeug kommst du langsam zu dir, und du bist so kaputt, daß du nicht schlafen kannst. Eine Woche später fragst du dich, sag mal, wie reagierst du denn da? Du müßtest jubeln, die Welt vollschreien. Und du kannst es nicht. Und du verstehst es nicht."

Das Wunderkind oder: Wie wird man erwachsen?

Wir sind dem Aufwachen nahe,
wenn wir träumen, daß wir träumen.
NOVALIS

„Ich würde gern einmal gegen mich selbst spielen, das gäbe bestimmt ein tolles Match.“ Sagte vor einiger Zeit Stefanie Maria Graf. Der Wunsch nach Perfektion schlägt mitunter seltsame Blüten.
Und John McEnroe meinte: „Gebt ihr zehn Millionen Dollar, macht sie zur ewigen Ersten der Weltrangliste und schickt sie in Rente. Ansonsten wird es langweilig im Tennis der nächsten Jahre.“
Stefanie Graf ist gegenwärtig die Weltranglisten-Zweite im Tennis der Damen. Aber sie war, über eine Rekordzeit, Nummer eins, sie hat den Grand Slam gewonnen, kennt gleichsam die obersten Treppchen aller großen Turniere. Die Brühlerin hat, wie bei den Herren der anderthalb Jahre ältere Boris Becker, das moderne deutsche Tennis revolutioniert. Sie ist ehrgeizig, hat eine phänomenale Begabung für die Abläufe ihres Sports, verfügt bei etwas schwächer einzuschätzender Rückhand über ein dennoch breites Schlagrepertoire – mit einer peitschenden Vorhand, eingebunden in eine sehnige Athletik. Vor allem besticht (und erschreckt) Stefanie Graf durch eine grandiose psychische Unbeirrbarkeit in Sachen Spielmotivation und uneingeschränkt sportlicher Zielgebung. Ihre Konzentrationsfähigkeit streift die Verbissenheit, aber andererseits erstaunt ihre Fähigkeit, sie selber zu bleiben und sich durch den branchenüblichen Zwang zur Werbewirksamkeit weder verbiegen noch brechen zu

lassen. Ihre Karriere ist in diesem Sinne auch Spiegelbild eines unbarmherzigen Drucks und ebenso hartnäckigen Gegendrucks – zudem die Einbindung in einen sportorganisatorischen Familienclan früher Reibungspunkt für eine voyeuristisch-begierige Öffentlichkeit geworden ist. Besonderen Anteil am Erfolg Stefanie Grafs hat ihr Vater Peter. Betreuer, Manager, Berater. Seinen Kaufmannsberuf gibt er auf, als seine Tochter acht Jahre alt ist. Mögen die künftigen Trainer Breskvar (der Entdecker), Hofsäss, Wemberg, Slozil oder Günthardt heißen – in beträchtlichem Maße bleibt Peter Graf der Fixpunkt einer sporterzieherischen Beziehung, die ihre Quellen in Steffis früher Kindheit hat.

„Steffi ist verrückt nach diesem Sport; sie hat mit vier Jahren begonnen, in unserem Hobbykeller stundenlang an die Wand zu spielen, sie trainiert auch heute wie besessen – aber alles nur, um ein faszinierendes Spiel gut, eben besser als andere zu beherrschen.“ Peter Graf. Er, der ehemalige Regionalligaspieler, mietet, als Stefanie mit acht Jahren ihr erstes Turnier gewinnt, eine Tennishalle, baut ein Tenniscenter. Das Leben der Tochter fortan: täglich mindestens drei Stunden Training, daneben die Schulaufgaben. Bis die Schule gänzlich aufgegeben und die Profikarriere gestartet wird. Es ist dies am 18. Oktober 1982. Stefanie ist nicht einmal dreizehneinhalb Jahre alt. Wenige Tage später spielt sie in der Halle von Filderstadt gegen die knapp 20jährige US-Amerikanerin Tracy Austin, eine Gewinnerin der US Open von Flushing Meadow, verliert zwar, aber erreicht als Jüngste einen 214. Platz in der Weltrangliste. Von nun an werden die Turniere der Welt zur Heimat ihrer Jugend.

Stefanies Vorhand begeistert in Paris oder Freiburg, die Zeitungen schwelgen, aber sie fragen auch nach dem merkwürdigen Ernst dieses Mädchens. Ein Leben hat begonnen, in dem die Fröhlichkeit zur Nebenbeschäftigung wird, geradezu zur abgetrotzten Intimität am Rande der Turniere. Wie's drin aussieht, geht keinen was an. Und eines Tages spielt Stefanie Graf nicht mehr in kurzer Hose, sondern im Rock. Sie zeigt sich als Mädchen, aber täuschte das nicht über die Hauptsache hinweg: Da wird eine hämmernde Vorhand noch teuflischer.

„Kleine Tigerin" wird sie in der englischen Presse genannt, und in die Niedlichkeit der Situation hinein sagt Stefanie Graf: „Ich will die Nummer eins werden."

Wer noch immer lacht, beachte, daß die Großen der Szene, Navratilova und Evert, immerhin schon ziemlich interessiert zuschauen, wenn die Brühlerin irgendwo einen Platz betritt.

Die Publizistin Doris Henkel über die US Open im Jahre 1985: „Steffi besiegt die mit allen Wassern gewaschene Amerikanerin Pam Shriver in einem Tiebreak-Krimi des Viertelfinales 7:6, 6:7, 7:6. Die Shriver kann nicht besonders gut verlieren, gegen eine Sechzehnjährige schon zweimal nicht. Die darf zur Belohnung im Halbfinale gegen Martina Navratilova antreten." Selbst die folgende klare Zwei-Satz-Niederlage wandelt die frühere, ein wenig mütterliche Generösität der Navratilova, wie Doris Henkel in ihrem Buch „Die großen Tennis-Stars" schreibt, in eine kühle Erkenntnis: „Ernstzunehmende Gegnerinnen baut man nicht unnötig auf. In der letzten Rangliste des Jahres 1985 steht Stefanie Graf auf Platz sechs. Zum Überholen sind übriggeblieben: Claudia Kohde-Kilsch (5), Pam Shriver (4), Hana Mandlikova (3), Chris Evert (2) und Martina Navratilova."

6. Juni 1987: Stefanie Graf erspielt sich bei den French

Open ihren ersten Grand Slam-Titel, exakt 50 Jahre nach dem letzten Sieg einer Deutschen (Hilde Krahwinkel).
17. August 1987: Stefanie Graf aus Brühl ist Nummer eins der Weltrangliste.
Der erste Schläger, zu gewaltig fürs Patschhändchen, hatte noch einen abgesägten Griff. Was damals an Kraft fehlt, gleicht die kleine Stefanie mit Geschwindigkeit und Gewandheit aus. Sie hat Freundinnen und Freunde, dennoch zieht es sie bald mehr und mehr auf den Tennisplatz. Sie zeigt Talent und Willen. Als Stefanie zwölf Jahre alt wird, ist sie 1,53 m groß, 36 kg schwer, hat aber schon Schuhgröße 41. Mutter Graf lächelt: „Da kann sie besser das Gleichgewicht halten." Untersuchungen des Handwurzelknochens zwecks Wachstumserwartungen ergeben: Stefanie Graf kann 1,86 m groß werden, mindestens aber 1,77 m. Naja. Das Leben wird es etwas anders einrichten. Gut so!
Wie sehr ihr das Tennisspielen zur Gewohnheit geworden ist, berichtet die Presse schon 1981 anhand folgenden Beispiels: „Im Februar dieses Jahres mußte das Mädchen wegen einer Kapselverletzung am Fußgelenk pausieren. Als die Eltern nach Hause kamen, lag Steffi auf dem Sofa, Bruder Michael, 10, warf ihr Bälle zu, die sie im Liegen mit dem Schläger durchs Wohnzimmer schlug. Mutter Grafs Erkenntnis: 'Das Kind ist doch nicht normal. Wunderkinder sind niemals normal.' "
Jene langjährigen Erfolge eines früh erzeugten und durchgezogenen Konzepts, die auch zum heutigen Zeitpunkt nicht mehr als den Charakter eines Zwischenbescheids haben, werden im Anhang dieses Buchs dokumentiert.
Im Alter von dreizehn gewinnt Stefanie ein Turnier für Achtzehnjährige, und mit gerade mal 19 Jahren wird Fräulein Graf jedenfalls alle Titel gewonnen haben, die

im Damentennis zu vergeben sind. Nicht der unwichtigste Bestandteil des Erfolgs-Pakets: Das 1969 in Mannheim geborene blonde Mädchen tritt eines Tages aus dem Schatten von Boris Becker.
Stefanies Vater mag zwar ein wichtiger Mittler sein zwischen Konzept und Sieg, aber wer genauer hinschaut, entdeckt doch, daß sich im Schatten des (schützenden!) Vaters beizeiten eine Persönlichkeit entwickelt hat, deren starker Drang zum siegreichen Eifer eher gebremst als etwa angestachelt werden muß. Klaglos erfolgt die Unterwerfung unter die Torturen der Branche, und schon im Juni 1985 rangiert Stefanie Graf auf Platz 11 der Welt-Computerrangliste.
Ein Wunderkind kam in die Welt. Das Mädchen hat es schwer auf den Wegen zur Frau. Sie fliegt zu den Sternen und kommt immer müder nach Hause. Die Siege mag sie, dem Rausch des Erfolgs kann sie nichts abgewinnen. Sie tut eigentlich nur, was sie sich selbst schuldig ist. Doch die Grausamkeit hat ihre spießige Logik: Mit der Zahl der Siege wächst die Langeweile des Publikums. Ein Mensch wird zum Objekt, aber Stefanie muß auch lernen, daß die Defizite privater Freuden nicht durch noch mehr Tennis auszugleichen sind. Es ist die Zeit, da sie prononciert ein Bekenntnis zur Farbe Schwarz ablegt. Und eines Tages im Jahre 1992 spielt sie in Paris gegen Monica Seles, verliert unglücklich und senkt bei der Siegerehrung den Kopf. Fast 17000 Zuschauer aber brüllen unisono: Stef-fi, Stef-fi! Ein Wunderkind kam in die Welt. Immer nur erster Aufschlag statt erster Liebe. Ist das Wunderkind nun erwachsen?

Die Welt von Wimbledon oder: Fräulein Forehand und die Liebe zum Gras

Rasentennis ist eines der guten Dinge in der Welt ...
Eine anstrengende Stunde auf dem Tennisplatz,
in frischer Luft und Sonnenschein, ist eine wunderbare
Medizin für Pessimisten.
KITTY GODFREE, *Wimbledonsiegerin 1924 und 1926*

Einmal im Jahr kehrt Tennis zu sich selbst zurück. Einmal im Jahr wird Gras zur weichsten Droge dieses weißen Sports. Und die Akteure fühlen sich auf dem efeuumrankten Centre Court wie Skifahrer auf frischem Pulverschnee. Wimbledon! Das ist wie Albatros Michael Groß im frühlingsfrischen Dorfteich. Die 18 Rasenplätze des „All England Lawn Tennis & Croquet Club“, im Südwesten Londons, wo die Stadt allmählich in die Landschaft versickert – sie werden immer wieder zur Pilgerstätte, an der man, wie Boris Becker sagt, „den Erfolg geradezu riechen kann, und er riecht nach frischem grünem Gras.“ Millionen Menschen auf der Welt kennen den „Heiligen Rasen“, nur wenige scheinen auserkoren, ihn zu riechen; noch weniger sind es, die ihn betreten dürfen. Genau drei Sechzehntel Inch oder 4,7625 Millimeter Halmhöhe – britische Schrulligkeit, geradezu messianischer Gärtnerfleiß (mit speziellem Saatgut und Nagelschere) sowie das hehre Bewußtsein einer inzwischen 106jährigen Geschichte vereinen und steigern sich zum sportreligiösen Ritual, das alljährlich die Welt begeistert.

Hier hat alles den Anschein der Einzigartigkeit: die Schar der Gärtner unter der Ägide des Head Groundsman; die Schälchen mit Erdbeeren, die ihr Aroma in Treibhäusern

lassen mußten; die 132 Ballgirls und -boys, die nach vierwöchigem Auswahlverfahren und einem Monat Training zum Einsatz kommen; das Tennis-Museum unter der Osttribüne des Centre Courts; das berühmte Schälchen Wasser im Kinderstühlchen des Schiedrichters; die pensionierten Soldaten der „Chelsea Pioneers“, die in ihren Uniformen aus dem Burenkrieg als Platzanweiser arbeiten. Und über allem schwebt auch ein Hauch streng kontrolliertes Mädchenpensionat – Wimbledon als Crashkurs in Sachen Affektbeherrschung; es sei denn, Yankee McEnroe trainiert doch mal wieder kurz das Racket-Werfen.
Mit Wimbledon beweist Old England seinen sturen Konservatismus, auch wenn der Court nach einer Woche mehr grau und braun als grün ausschaut und die Grundlinien nach wenigen Tagen des Top-Turniers häßlich rasiert aussehen, nicht unähnlich einer mongolischen Steppe im Spätherbst. Besonderes Pech für die Finalisten nach zwei langen Wochen: Sie sehen sattes Grün oft nur noch unmittelbar am Netz und im Seitenaus. Und nach dem Finale wird man an die einhundertdreißig Tennisspieler über Wimbledon fluchen hören. Nur jene Auserwählten nicht, die mit einer Trophäe jubelnd herumhüpfen.
Wimbledon ist die letzte Bastion der Unberechenbarkeit, die sich ein auf Perfektion getrimmter Circuit noch leistet. Die Franzosen erfanden die „terre battu“, jene zu feinem Gries zerschlagenen roten Ziegelsteine, mittels derer taktisches Vermögen und die Sicherheit in den Grundschlägen verläßlich geprüft und gefestigt werden können. Auf den Hartplätzen der US-Amerikaner und der Australier, die seit 1988 ihr Grand-Slam-Turnier vom Rasen nahmen, stieg die Chancengleichheit für Grundlinien-, Serve- und Volleyspieler. Und wovon alles wurde das

Gras verdrängt! Mehl aus alten Autoreifen, farbige Asche, gummierter Zement, Teppich, ausgetüftelte Kunststoffbeläge. Attribute einer Welt, die vom Computer bestimmt ist, in der die elektronisch geprüften Bälle exakt nach der physikalischen Regel abspringen, Einfallswinkel gleich Ausfallswinkel plus Berücksichtigung des Spins. Und Wimbledon? Ewig währt der Aufstand des Grases. Die Gegnerschaft steht nicht nur jenseits des Netzes, sondern wächst von unten herauf: Der Untergrund lebt. Tückische Löcher und winzige Hügel erheben den Zufall zum wendischen Gott manchen Spiels. Wetter verändert alles, trocknet entweder oder durchwässert den festen Stand. Wenn die Sonne kommt, kommen die Hitzeschläge, und wenn es erst einmal regnet, dann meist richtig. Dann fröstelt Wimbledon, und es wird ein Aufschlag-Volley-Tennis gespielt, um das Auf- und damit Wegspringen des Balls zu verhindern.
Wimbledon, dieses Lob des Anachronismus – es ist eine Probe für jene, die mit jeder Situation fertigwerden. Das Turnier der Flexiblen, und längst sind alle verstummt, die sich Protestler Arthur Ashe (1975 erster schwarzer Wimbledonsieger) und Ivan Lendl angeschlossen hatten, der einst grummelte: „Rasen ist etwas für Kühe!" Muß man hinzufügen, daß Lendl noch nie in W. gewann? Nein, die Greens sind etwas für Genießer. Die Schritte federn. Mit Topspin-Schlägen könnte man eine Ewigkeit im Spiel bleiben. Der Rasen schluckt die Geräusche. Butterweich ist angesagt, wenn man oben den Himmel, links und rechts das Grün sieht. Aber kaum steigern sich Druck und Tempo eines Matches, dann fliegt die Filzkugel nur so über den Platz, und auch Wimbledons Feingeist gerät für jeden, der zu parieren hat, zur allüblichen Erkenntnis: Entweder man trifft, oder man trifft nicht ...

Stefanie Graf und Wimbledon. Mit vierzehn spielte sie zum ersten Male hier, Niederlage in Runde vier (6:3, 3:6, 7:9) gegen Jo Durie. 1985 schlug sie sich ebenfalls bis in Runde vier durch, verlor gegen Pam Shriver 6:3, 2:6 und 4:6. Aber 1987 gelang der Weg ins Finale; schon war da die Rede von einer „deutschen Vorhand mit Zukunft", doch Weltranglisten-Erste Martina Navratilova war (noch) stärker, Stefanie verlor 5:7 und 3:6.
Im vierten Anlauf dann, knapp ein Jahr, nachdem sie zum ersten Mal die Nummer eins geworden war, holte sich Stefanie die Silberne Schale. Es war dieses 1988 ohnehin das große, helle Jahr der ehrgeizigen Deutschen, einer Sportlerin von athletischer Bravour, nahezu eisiger Berechnungskraft und natürlich dieser unverwechselbar-dynamischen Vorhand. Stefanie hatte den Grand Slam gewonnen, also die vier wichtigsten Turniere des Welt-Tennis, und sie war im Besitz der olympischen Goldmedaille von Soul. Wimbledon setzte allem nun die Krone auf.
Das Finale 1988 war der Kampf einer jungen dynamischen Frau gegen eine alternde Königin. Acht Einzelsiege hatte Martina Navratilova bis dahin geholt, nun mußte sie sich 7:5, 2:6, 1:6 gegen die Brühlerin geschlagen geben. Die hatte alle Kenner der Szene insofern etwas überrascht, als ihr Spiel, von der Grundlinie aufbauend, bisher ja auf langsameren Plätzen weitaus wirkungsvoller schien. Doch Stefanie setzt der innovativen Wimbledon-Form sogar noch eins drauf: Im Doppel siegt sie mit der Argentinierin Gabriela Sabatini über die Russinnen Larissa Sawschenko und Natalia Zwerewa (6:3, 1:6, 12:10).
Ein Jahr später gewinnt Stefanie erneut, und zwar wieder gegen die Navratilova (6:2, 6:7, 6:1). Ein Sieg der harten

Aufschläge und leichten Beine; noch lange bleibt dieses Match in Erinnerung als das bis dahin schönste Spiel des Mädchens aus Brühl. Ein Turniersieg auch als Sieg der inneren Sicherheit, der seelischen Gelöstheit und des Lohnens unbändiger Anstrengung. „Es klingt irgendwie brutal, aber ich wollte diesen zweiten Sieg hier einfach mehr als den ersten."

Stefanies vermeintliche Unbesiegbarkeit war ihr wohl selbst zur quälenden Last, zum seelischen Druck geworden; und noch immer stand ihr in den 92 Minuten des Duells eine fanatisch-ehrgeizige Martina Navratilova gegenüber, die geradezu motorisch den Angriff suchte. Das Ende des Turniers zeigte nach sieben Einzelspielen, vier Doppeln und täglichem Training eine weinende Wimbledon-Königin, aber die Tränen flossen wohl weniger wegen der Erschöpfung, sondern da löste sich unbändig und kreatürlich eine enorme innere Anspannung. Erst als Damen-Trainer Klaus Hofsäss ein aufmunterndes, befreites „Steffi!" über den Platz ruft, hebt die neue Königin den Kopf, lächelt.

Die 254 Einzel- und 189 Doppelspiele des Turniers von Wimbledon 1989 offenbaren eine Stefanie Graf, die der beherrscht vom Platz gehenden Martina Navratilova den erhofften neunten Titel genommen hat. Und im Halbfinale hatte sie eine weitere Legende verabschiedet – Chris Evert, und deren Abschied immerhin zeigte etwas von der möglichen Größe und ebenso Traurigkeit des einmaligen Augenblicks, da große Sportler die Szene verlassen.

„Gott, was hätte ich darum gegeben, zehn Jahre jünger zu sein", sagte die Frau, die ihr 17. Halbfinale in 18 Jahren und ihr 111. Wimbledon-Match bestritten hatte. Vor der Royal Box noch die Andeutung eines

Hofknickses, ein Wink und ein trotzig-würdevolles Lächeln ins Publikum. Jubel kehrt von den Rängen zurück, tröstend hüllt er die Evert ein.
Endgültig zu Ende die Ära „Evertilova", unumkehrbar der Turn in die Ära von „Fräulein Forehand"?
Stefanie Graf und Wimbledon 1990. Es ist das Turnier der Schwere, der Unruhe, des nicht aufzufindenden Gleichgewichts. Kein Konzept, keine Konzentration, keine Intuition. Grippe und Gram. Mit dem Halbfinale gegen Zina Garrison (3:6, 6:3, 4:6), jene farbige Texanerin mit dem ungeschminkten Slang, endet Wimbledon für die vermeintliche „Gräfin Gnadenlos" – und doch wird irgendwie zugleich auch der Grundstein gelegt für den bohrenden Willen, im nächsten Jahr wiederzukommen und dann anders abzureisen als jetzt, mental und spielerisch in neuer, alter Stärke, mit gewohnt unverwundbarer Vorhand und Aufschlagkraft, mit variabler Rückhand, mit geschmeidiger Beinarbeit.
Die erste Wimbledon-Niederlage nach drei Jahren, und dabei galt das britische Tennis-Mekka schon als „badische Grafschaft". Stefanie stottert und schneuzt sich durch ein paar lästige Interviews. Sie ist schlichtweg fertig. Fragen nach dem durch die Yellow-Press gezerrten Privatleben ihres Vaters hatte ein britischer Tennis-Funktionär für die obligate Pressekonferenz untersagt.
Ein Jahr später, Wimbledon 1991. Ein überlautes, eruptives „Jaah!" wird zum Kennwort neuer Identität einer nunmehr neunjährigen Profi-Laufbahn. Stefanie Graf gewinnt den zehnten Grand-Slam-Titel ihrer Karriere; nach 18 Monaten des Zweifels und der Selbstirritation löst der dritte Wimbledon-Sieg offenbar alle Verkrampfungen und seelischen Blockaden. Zudem: Es ist ein Sieg über Gabriela Sabatini, nach fünf Niederlagen in Folge.

„Ja, dies wird meine mentale Einstellung für die kommenden Monate ändern, daran gibt es keinen Zweifel. Ich wollte dieses Gefühl noch einmal haben, und ich habe es gebraucht. Obwohl ich wußte, ich bin auf dem rechten Weg, habe ich dennoch einen Sieg wie diesen gebraucht."

Es ist ein sonnig-heißer Sonnabend. Licht überflutet den Centre Court. Und an dieser siegenden Stefanie Graf erinnert kaum mehr etwas an die frühere unbeirrbare Resolutheit und Festigkeit. Eher verunsichert geht sie in den Kampf gegen Sabatini – und gegen die inzwischen verfestigte eigene Angst, in entscheidenden Momenten mehr und mehr zu versagen. Drei Sätze inneres Beben, festgezurrt mit eisernem Willen. Dann, nach 6:4, 3:6 und 8:6 das befreiende „Jaah!", der neue Ton, mit Kopf im Nacken in die Welt hinausgeworfen.

Es ist dem das längste Damenfinale seit 1976 vorausgegangen. Zwei Stunden und sieben Minuten dauert das Match. Harte Aufschläge und die unbarmherzige Vorhand tun Wirkung, aber frecher und frecher windet sich die Argentinierin aus der Umklammerung, stürmt ans Netz, bedrängt, macht sie nervös. Beim Stand von 4:4 im dritten Satz serviert Stefanie gleich zwei ihrer insgesamt sechs Doppelfehler; der Seitenwechsel zeigt eine resignative Brühlerin, die sich wohl selbst keine Chance mehr gibt.

Aber da geht es wie ein Ruck durch Stefanie Graf. Sie bringt das Rebreak, verliert dann wieder das Aufschlagspiel, beim Stand von 30:30 wogt das Match wundervoll hin und her; die Dramatik des Ballwechsels deutet darauf hin, daß das Spiel sich jetzt jenem Instabilitätspunkt nähert, da es umkippt und zur Entscheidung drängt. Statt Matchball Sabatini heißt es plötzlich Break-

ball Graf. Sie läßt sich diese Chance nicht entgehen. Aufschlagspiel, Service-Abnahme, Matchball. Eine knallharte Vorhand. „Jaah!"
Stefanie Graf gibt später Auskunft: Diesen dritten Erfolg in Wimbledon rücke sie in ihrer eigenen Wertung an die dritte Stelle aller großen Siege; sogar noch vor den Gewinn der US Open 1988, mit dem sie den Grand Slam komplettiert hatte. „Nummer eins bleibt mein erster Wimbledon-Sieg 1988, Nummer zwei der erste Sieg bei einem Grand-Slam-Turnier, 1987 in Paris, und Nummer drei ist, wie gesagt, dieser nervenaufreibende Kampf gegen Gabriela Sabatini in diesem Jahr in Wimbledon."
Die „Frankfurter Allgemeine Zeitung" schreibt über Stefanie Graf: „Bevor sie London kurz verließ (am Sonntagabend kehrte sie zum Championsdinner zurück), um ihrem Bruder Michael bei einem Autorennen der Opel-Lotus-Serie am Nürburgring zuzusehen, posierte sie eingerahmt von Mutter Heidi und Vater Peter mit der Schale für die Fotografen. Seht her, meine Welt ist sportlich und privat wieder in Ordnung. Endlich."
Wimbledon 1992. 1747mal hämmerte Stefanie Graf auf die Filzkugel, nach insgesamt sieben Spielen nahm sie aus den Händen der Herzogin von Kent erneut die Siegerschale in Empfang. Nur in den Runden drei und vier sah sie sich gezwungen, einen dritten Satz zu spielen. Im Halbfinale schlug sie Erzrivalin Gabriela – aggressiv an der Grundlinie tänzelnd, mit jagenden Aufschlägen. Und im Finale hatte Monica Seles aus Novi Sad, die Nummer eins der Weltrangliste, nicht die Spur einer Chance. „Steffi spielte exzellent, sie ließ mich meinen Rhythmus einfach nicht finden." So die Verliererin würdevoll, ernst und ohne derben Groll – denn immerhin waren damit ihre Grand-Slam-Hoffnungen zertrümmert.

Vier Monate zuvor hatte Stefanie gegen die Seles in Paris verloren; nun sah die Welt eine beeindruckende Revanche. Und seltsam: Wenn Graf mal gegen Seles gewinnt, dann so, als deklassiere sie eine Zweite-Klasse-Athletin. Mit dem 65. Turniersieg ihrer Laufbahn schnitt die Deutsche der in Florida lebenden Seles zugleich mehrere Serien ab: Monica mußte sich bei ihrer siebenten Final-Teilnahme in einem Grand-Slam-Turnier erstmals geschlagen geben. Seit der Dritt-Runden-Niederlage gegen die Italienerin Linda Ferrando bei den US Open 1990 hatte die 18jährige Linkshänderin kein einziges Match mehr bei einem Grand-Slam-Turnier verloren.
Der Sieg der Stefanie Graf war erneut ein Sieg der „alten" Stärken: Vorhand, Aufschlag (77 Prozent aller Aufschläge führten unmittelbar zum Punktgewinn), Rückhand-Slice, gestochen scharf in die Ecken, und Beinarbeit. So geht logischerweise ein Teil des Lobs an Trainer Heinz Günthardt, den 33jährigen Schweizer, der seit Anfang 1992 in der „Grafschaft" arbeitet und in der Vorbereitung auf das Turnier gerade diese „Waffen der Brühlerin gut gewartet" hat. Und die Siegerin sagt selbst: „Das war mit Sicherheit das beste Match meiner Karriere. Es hat wohl etwas mit dem Glauben an mich selbst zu tun. Ich habe wieder Tennis gezeigt, mit dem ich zufrieden sein kann, und ich weiß wieder, was das ist: Selbstvertrauen. Daß der Sieg so glatt verlief, konnte ich nicht ahnen. Mein Trainer Heinz Günthardt hat mir die Freude am Spiel wiedergegeben."
Der Vorgang zum großen Schauspiel hebt sich um 14.08 Uhr, es endet um 19.29 Uhr Londoner Ortszeit.
Erster Akt: ein Aufschlag von Stefanie Graf.
Letzter Akt: Ein As von Stefanie Graf. Dazwischen 5:21 Stunden nervendes Warten. Immer wieder Regen-

Vorhänge. Ganze 59 Minuten dauert das Spiel. Ein Geduldsspiel in vier Akten.
14.08 Uhr: Stefanie Graf eröffnet das Wimbledon-Finale. Das erste Spiel gewinnt sie zu null, die Gegnerin ist stumm wie ein Fisch.
14.25 Uhr: Stefanie erreicht das erste Break zum 3:1 und leistet sich ein rasches, aber entscheidendes „Jaah". Monica Seles traut sich kurz vor dem 4:2 zum ersten und letzten Mal ans Netz. Zwei Break-Chancen für Seles zum 3:4, die Weltranglisten-Erste beginnt sanft zu stöhnen – doch die Deutsche behält den Überblick und bringt ihren Aufschlag zum 5:2 durch.
14.38 Uhr: Satzball für Stefanie Graf, eine Vorhand wie ein Karate-Schlag; es steht nach 30 Minuten 6:2.
14.44 Uhr: Graf führt 1:0 und 30:15 bei Aufschlag von Seles. Es ist dies der Moment, da der Regen kommt. Beide Spielerinnen ziehen sich in die Umkleidekabinen zurück. Stefanie Graf später gegenüber der Presse: „Ich habe versucht, mich abzulenken und bearbeitete Fan-Post ..."
15.30 Uhr: Die Würze liegt nun wieder in der Kürze: Mehr als fünf Punkte kommen nicht aufs Spielkonto. Es steht 1:0 und Einstand. Nach zwei Minuten wie gehabt: Regenpause.
15.32 Uhr: Stefanie fragt Oberschiedsrichter Alan Mills nach der wahrscheinlichen Dauer der Zwangspause. Der blickt in den Himmel und prophezeit kennerisch: „Ziemlich lange." Stefanie, vertrauensselig, läuft die paar hundert Meter zu ihrem Privathaus. Kaum hat sie die Tür geöffnet, klingelt das Telefon. Der Schiedsrichter! Sie joggt zurück zum Platz.
17.20 Uhr: Stefanie Graf erhöht mit einem Break auf 3:1, bei 4:1 und 15:30 regnet es erneut, die deutsche

Spielerin joggt wieder los. Langsam werden die Fotografen sauer: Belichtungszeit 1/60, Blende 2,8. Murren: „Hoffentlich spielen die morgen weiter!"
19.21 Uhr: Nein, sie spielen jetzt weiter. Letzter Akt, Stefanie Graf und Monica Seles beim vierten Anfang. Langsam dunkelt sich die Szene ein. Der Tag geht, die Zuschauer bleiben.
19.29 Uhr: Erster Matchball, ein As! Stefanie strahlt. Monica Seles gratuliert, es wird hin- und zurückgelächelt. 13 000 Zuschauer: Standing ovations. Blitze zucken auf, aber kein Regen – es sind die Blitzlichter unzähliger Kameras. Wimbledon rumort und jubelt. Stefanie Graf springt mit der Silberschale um den Platz.
21.30 Uhr: Die Gewinnerin von Wimbledon 1992 kommt ins deutsche Haus in der Bourghley Road 16. Nahezu 50 Journalisten wittern ihre Chance, aber Stefanie lächelt nur. Keine Interviews. Nur einfach da sein, sich freuen. Eine Stunde später ist sie weg. Aber ihr Sieg bleibt in allen Gesprächen dieser Nacht. Es war der Sieg eines Kopfes über das Rezept reiner Power-Athletik einer nachfolgenden Generation. Und eine Zeitung schreibt: „Doch gerade 23 Jahre alt geworden, ist eine Ausnahmespielerin noch viel zu jung, um sich lediglich für Nudel-Reklame fotografieren zu lassen, depressive Phasen auf einsamen Friedhöfen zu bekämpfen oder hinter übermannshohen Mauern in der heimatlichen Residenz mit dem Lieblingshund zu spielen."
Als sich beim Championsdinner im Londoner Nobelhotel Savoy vorwiegend ältere Semester durch den Sektkelch zulächelten, erwies sich auch in dieser eher steifen Abschiedsstunde von Wimbledon 1992 die 23jährige junge Dame aus Brühl als First Lady des Turniers. In ihrer Tischrede würdigte Stefanie Graf mit berührenden,

schlichten Worten jene Frau, die kurz zuvor 96jährig in London verstorben und einst eine Wimbledon-Legende war: Kitty Godfree.

„So ein Sieg geht nur auf Gras“, kommentiert Stefanie sich selbst, und wenn Kitty Godfree einmal davon sprach, daß Rasen-Tennis einer Medizin gleichkomme – vollkommener kann die Symbolik nicht sein, wenn gerade eine seelisch so hin- und hergerissene Stefanie Graf das Andenken des großen Vorbilds ehrt. In einem Moment, da die Medizin bei ihr bestens angeschlagen hat ...

Die Tontaube oder: Vater, der du bist im Himmel?

Heute kennt man von allen Dingen nur den Preis, nicht aber den Wert.
Oscar Wilde

Die gegenwärtigen Stars auf dem Centre Court. Bleibt von den Evert, Shriver, Navratilova eine blasse Erinnerung von Erwachsensein, so liegt scheinbar auf den nachfolgenden Generationen der leicht dahingeschriebene Bann, dort unten spielten Kinder ohne Kindheit. Der „stern“ über Monica Seles: „Sitzt man auf der Tribüne von Court drei und mit dem Rücken zu Court zwei und spielt auf diesem die kleine Monica Seles, so kann man das Gefühl haben, den O-Ton eines Blue Movie zu hören. Stöhnen, Quietschen, Grunzen. Die Kleine, zierlich wie eine Ballerina und bissig wie ein Barrakuda, die Fingernägel pink bemalt und die Handgelenke purpurn umbandelt, die Haare zum Tuff gebündelt, drischt beidhändig auf die

Bälle ein wie Mike Tyson auf einen Sandsack.“ In dieser Bewertung schwingt mit, was gerade Tennis wie kaum eine andere Sportart im erbarmungslosen Zeitalter der Medien immer auch sein will und sein muß: Spannungsbalance zwischen erregender Unordnung und gesitteter Langeweile, zwischen aufgemotzter Individualität und kontrolliertem Ablauf. Die Gegner treffen in großer Distanz aufeinander, unmittelbare physische Kontakte und Beeinträchtigungen, wie etwa Fouls im Fußball, sind nicht möglich; der Individualisierung des Sports (wer interessiert sich schon für Doppel!) entspricht eine Isolation auf dem Platz (jedem seine Seite) und eine Gleichschaltung, die sich auch in den uniformen Trikots der unbedingten, unangefochtenen Marke Saubermann offenbart. Wer brüllt, wird abgemahnt; brüllt das Publikum, drücken die Spieler auf Disziplin. Tennis wird nicht gespielt, sondern Tennis rieselt. Kühl wie Schach und zumeist gemäßigt wie eine Opernpremiere in Castrop-Rauxel.

Das Resultat: Immer beobachtens- und notierenswerter werden die Nebensächlichkeiten, der Habitus der Aktiven – da mal ein spitzer Seles-Schrei, dort mal ein hechtender, maulender Boris. Die Aufmerksamkeit für solcherlei Ablenkung enspricht unserer Sehnsucht nach Abwechslung in einer genormten Welt – wiewohl wir die Pflegeleichtheit der Grundsituation keinesfalls missen möchten. Wir alle sind Angestellte einer temperierten Gesellschaft, in der sich selbst die Hochspannung der Tennis-Cracks wie ein merkwürdiger Kontrast ausnimmt. So daß der Oberschiedsrichter nicht ohne Grund zur Mäßigung aufruft, wenn McEnroe oder Courier „ausrasten“.

Es ist dies die Welt, in der eine Stefanie Graf völlig un-

passend, aber lobenswert störrisch nur eines tut: gut oder besser Tennis spielen, ohne Allüren, ohne medienwirksame psychische Garnitur. Sie hat den Vorteil, eine begnadete Spielerin zu sein, ein Vorteil, der jedoch immer wieder von einem entscheidenden Nachteil verdrängt zu werden droht: Sie ist kein Star. Wenn sie eine Trophäe hochhalten will, wird sie von Fotografen und Kameraleuten zur sofortigen Korrektur ihrer natürlichen Regung gezwungen: Sie muß also an allen Seiten des Court laufen, Schale überm Kopf wie eine Marionette, lächeln, Schale jetzt mal links oder rechts neben dem Kopf, dabei das Lächeln nicht vergessen. Steffi, begreif endlich: Die Millionen gehören zwar dir, aber du gehörst nicht mehr dir, du gehörst uns, verstanden! Lächeln!
Man studiere Boris Becker, wie er vor einiger Zeit, gleichsam mit leichtem Training, begonnen hat, sich zu seinem Ich zurückzurobben, durch Beleidigungen und Anwürfe hindurch. „Ihr könnt mich!" sagen inzwischen seine Augen. Man studiere Stefanie Graf, um zu wissen, wie schwer so ein Weg sein kann, wenn die natürliche Hornhaut fehlt.
Als die Brühlerin 1990 in Wimbledon gegen Zina Garrison aus dem Turnier flog, wußten alle: Die Spur der Niederlage hat woanders ihren Anfang gehabt.
Im Mai, während der German Open in Berlin, auf der Anlage des LTTC Rot-Weiß, publizierte die Boulevardpresse die „Beichte" eines „Playboy"-Models: Es sei Mutter eines Kindes namens Tara Tanita, und der Vater heiße Peter Graf. Die Zeitschrift „Sports": „Das erwies sich viel später zwar als falsch, wurde aber offensichtlich von allen Beteiligten als so wahrscheinlich angesehen, daß der familiäre Kokon um Steffi Graf, der ihr bis dato Kraft und Ruhe gegeben hatte, ernsthafte Risse erhielt

und die Tennisspielerin – verunsichert und angefochten im Glauben an ihren Vater – in der Folge ihr Selbstvertrauen, ihre Spiele und damit den Nimbus der Unbesiegbarkeit verlor."

Eine junge Frau überlegt, nach Amerika auszuwandern, alles hinzuwerfen. Und Zeitungen sprechen von ihr als einer „Heulsuse".

Ein Mechanismus offenbart sich, und am Anfang dessen steht eine Verabredung, die durchaus von Interessenausgleich bestimmt ist: Das Bild einer Sportlerin wird über deren Erfolge protegiert; persönlicher Marktwert und Auflagenstärke ergänzen, stützen einander. Allerdings bleibt das Mädchen Stefanie in vertrackter Naivität weiterhin so, wie es nun mal ist: anständig, ein wenig schüchtern und angenehm in sich gekehrt. Da darf sich die Nation schon mal ein paar Sorgen machen, ob alles seine Richtigkeit mit derlei unspektakulärer Normalität hat, und also fragt die gelbe Presse: „50 Millionen und kein Mann?"

Weil Stefanie Graf die Antwort schuldig bleibt (sie spielt „nur" weiter Tennis und siegt in „langweiliger" Stetigkeit), müssen endlich kräftigere Töne angeschlagen werden. Und das ist auch möglich, denn die Heldin wurde wohlweislich in den Himmel gehoben, und das ist genau der Punkt, da der organisierte Absturz fällig ist. Der Publizist Herbert Riehl-Heyse nennt das den „Tontauben"-Effekt: „Hochjubeln – abschießen!". Und er resümiert: „Haltet den Dieb, rufen die Räuber – und greifen vor aller Augen sofort wieder in die Ladenkasse. Wahrscheinlich ist es ja völlig unprofessionell von Steffi Graf, daß sie sich so durcheinanderbringen läßt, nur weil sie sich – nun auch in Wimbledon – täglich dreimal fragen lassen muß, wie ihr ihre kleine Halbschwester gefällt und was sie von deren Mutter hält. Und wahrscheinlich ist jemand gar keine so gute Tennisspielerin, wenn sie wehleidig – mitten in einem so wichtigen Turnier wie in W. – krank wird und kurzfristig nach Hamburg reist. Aber es ist ja ohnehin alles egal: Sollte unsere Steffi trotz allem wieder gewinnen in London, ist sie für ein paar Wochen, auflagensteigernd, ein weiteres Mal die Größte; sollte sie es nicht tun, gibt das wieder ein paar gute Geschichten her."

Seles, Graf, Sabatini oder: Wer jagt eigentlich wen?

Steffi: Superstar, auf jeder Illustrierten von der Bäckerblume bis zur Pin-Up-Revue. Sie kann mit der merkwürdigen Verehrung der Leute wenig anfangen. Ich bin keine so offene Person, sagt sie, ich gebe, was ich habe, beim Tennis, mehr kann ich nicht verlangen. Sie lebt ein Leben hinter Mauern und Wänden aus Angst und fürchtet, es könnte ihr jemand zu nahe kommen.
DORIS HENKEL

Das besagte, von Skandal-Gerüchten um ihren Vater überschattete Turnier in Berlin 1990 verlor Stefanie, nach 66 Spielen ohne Niederlage, gegen Monica Seles. Was zwischen dem Mai jenes Jahres und Mai 1991 folgt, ist ein geschlagenes, zerschlagenes, zerschlagendes Jahr, in dem die Brühlerin nicht ein einziges Grand-Slam-Turnier gewinnen kann. Siege in Leipzig, Brighton und Worcester sind lediglich Trostpflästerchen.
Parallel zum Substanzverlust der Stefanie Graf 1990/91

gewinnen Monica Seles und Gabriela Sabatini an spielerischer Kraft, an spielstrategischem Profil. Die Argentinierin, die zuvor in fünfzehn Begegnungen nur einmal gegen Stefanie Graf gewonnen hatte, triumphiert jetzt fünfmal in Folge gegen ihre einstige deutsche Doppelpartnerin. Sie hatte den Trainer gewechselt und war auf Anraten ihres neuen brasilianischen Coachs Carlos Kirmayr sogar zu einem Sportpsychologen gegangen. „Ich fühle mich jetzt erwachsener", sagte Sabatini, die auch nicht mehr in Kraftträumen verschwindet, sondern nun mittels Ballspiel nicht nur Kondition und Wendigkeit übt, sondern Fraulichkeit zurückerlangt.
Und Monica Seles, die am 11. März 1991 Stefanie Graf in der Weltrangliste vom ersten Platz verdrängt hatte, baut in das Tief der Stefanie Graf hinein ihre Kampfkraft aus; sie lernt, mit ihrer eigenen Unberechenbarkeit spielerisch umzugehen und Gegnerinnen zu narren. „Was sie manchmal spielt, ist nicht greifbar. Da kann man alle Tennisbücher getrost in den Ofen stecken", sagt TV-Kommentator Hans-Jürgen Pohmann, einst Daviscup-Spieler, über die jüngste der Topspielerinnen, die alle Welt freilich immer wieder vor die Frage stellt, wie lange sie wohl ihr eigenes kräftezehrendes Spiel auszuhalten vermag.
So hat eine unerwartete, in der Öffentlichkeit geschürte seelische Verspannung der Stefanie Graf 1990/91 zusätzlich für eine konfliktreiche Konstellation auf den Courts gesorgt: Es ist in rein sportlicher Hinsicht wieder interessant geworden an der Spitze des Damen-Tennis, und die Tragik der Stefanie Graf besteht darin, daß sie als „Prototyp der Tennisspielerin des nächsten Jahrzehnts" (Hofsäss) eine Leistung und eine Spiel-Art vorgegeben hat, die von den anderen aufgenommen

wurde und sich nun gegen Graf selber wendet. Totale körperliche Fitneß und aggressives, kraftbetontes Spiel geben den Ton an.
Experten aber sind sich zu jenem Zeitpunkt einig: Seles und Sabatini bewegen sich auf dem Highpoint ihres Niveaus, Stefanie Graf hat Steigerungsmöglichkeiten. Das Turnier in Paris 1991 scheint schon die Wende zu bringen. Stefanie jagt durch die ersten Runden, als wolle sie keine Sekunde auf dem Weg ins Finale verschenken. Ansonsten genießt sie die Zeit an der Seine, spielt im gemieteten Haus Köchin für Mutter und den Trainer Slozil, sie besucht Freunde in der Stadt, wirkt locker und gelöst. Aber im Halbfinale gegen Arantxa Sanchez (0:6, 2:6 in 53 Minuten) kommt der Rückschlag. Sie spielt weder schlecht noch miserabel, sie spielt, wie ein Beobachter kommentiert, eigentlich überhaupt nicht ...

Hetzjagd mit Kassensturz oder: Was verträgt ein Körper?

Wir haben so viele Lehrer, aber darunter nur einen einzigen wahren Meister, dem wir folgen und der uns wirklich klüger macht: den Schmerz.
BOB DYLAN

Am 15. Januar 1992 gehen bittere Schlagzeilen durch die Sportpresse, deren Tenor durchgängig aus einer geradezu warnenden, vielleicht sogar anklagenden Feststellung besteht: Hoher Preis für eine jahrelange Hetzjagd!
Was war geschehen? Ehe der erste Ball über das Netz

gegangen ist, kommt für Stefanie Graf das Aus bei den Australian Open in Melbourne. Und wieder einmal ist es eine Erkrankung, stärker als alle Gegnerinnen, vehement in ihrer quälenden Steigerung, übermächtig und unsichtbar, so daß die Favoritin aus Deutschland nicht einmal mehr einen Schläger in die Hand nehmen kann.
Der behandelnde Arzt des Melbourner „Regent Hotel", Sam Birman, attestiert der Weltranglisten-Zweiten eine Viruserkrankung mit starken Gelenk- und Muskelschmerzen. Die erste Festlegung nach der Diagnose: mindestens zehn Tage Turnierpause.
Da hockt Stefanie Graf also in ihrem Hotelzimmer, kühlende Bandagen an beiden Handgelenken, einen ziehenden und dumpfen Schmerz in Beinen und Armen. Eine Wimbledon-Siegerin ohne Hoffnung auf den vielleicht nah gewesenen Sieg zum Jahresauftakt. Sie nimmt sofort telefonischen Kontakt zu ihrem Arzt auf, Prof. Joseph Keul von der Freiburger Universitätsklinik. Er besteht auf den unverzüglichen Rückflug, den Stefanie Graf zusammen mit ihrem neuen Trainer Heinz Günthardt per Lufthansa-Jet über Singapur antritt. Nicht ohne vor dem Abflug, ein fast unwirklicher „Lächler" inmitten einer traurigen Situation, noch zwei Fotografen im entscheidenden Sprint abzuhängen.
Leistung und Verletzung, Sport und Krankheit, die Anstrengung und der erzwungene Verzicht – öffentliches Leiden der Stefanie Graf wird zum umstrittenen Sinnbild eines unbändigen, pausenlosen Runs auf die Gipfel der Tennis-Szene. Die unmittelbare Geschichte des Melbourner Fieber-Schocks wird detailgetreu ausgebreitet: Da sind die Ermüdungserscheinungen schon nach dem Morgentraining, die merkwürdig schweren Bewegungen werden registriert. Die Weltpresse erwartet mit Spannung

das Ende einer zweistündigen Bettruhe, und akribisch notiert wird die Dauer eines Spaziergangs im direkt gegenüber dem Hotel liegenden Fitzroy-Park: Zehn Minuten, dann reicht Stefanies Kraft nicht mehr. Nachts um 23 Uhr schließlich erfolgt bei stärker werden Schmerzen eine Blutprobe, und am anderen Morgen dann, wenige Stunden vor dem ersten Match gegen Katja Oeljeklaus aus Münster, schließt sich die Tür zu den Open.

Bedrückender und alarmierender hätte der Saisonauftakt für die dreimalige Australian-Open-Siegerin nicht sein können. Schon vierzehn Tage vorher in Perth hatte sich Stefanie Graf mit Grippe und Ohrenschmerzen durch den Hopman-Cup quälen müssen. Aber bereits eine Woche vor den Meisterschaften ist sie in Melbourne angekommen, trainiert mit Günthardt und dem US-Amerikaner Jimmy Arias runde vier Stunden täglich und fühlt sich von Tag zu Tag frischer und ambitionierter. Der Spaß am Sport wächst wieder. Aber da wartet das schleichende Gift schon auf seine Stunde ...

Stefanie Graf steht an einem Punkt ihrer Karriere, da ihr eigener Körper sie zum Innehalten und zu einem ernsten Nachdenken über den selbst organisierten Verschleiß zwingt. Der Sturz aus den Turnier-Träumen von Melbourne gleicht einem Kassensturz: Ist jetzt der hohe Preis zu zahlen für die Jahre der Hetzjagd von Turnier zu Turnier, von Kontinent zu Kontinent? Niemals, so sind sich die Kommentatoren einig, seien erste und ernste Anzeichen von Verletzungen und Erkrankungen gebührend beachtet und gründlich auskuriert worden.

Im Gegenteil, so schreibt etwa die „Welt“, Stefanie Graf habe manchmal über Wochen hinweg und gegen jede Vernunft mit angeschlagenem Körper gespielt – „siehe

das letzte Halbjahr 1991, als sie kein einziges Turnier mehr ohne Tabletten oder Spritzen durchhalten konnte."
Der 14. Januar 1992 in Melbourne ist also nun der Tiefpunkt. Stefanie Graf informiert Turnierdirektor Colin Stubbs persönlich von ihrer Absage an die Australian Open, während parallel dazu der Teamchef der deutschen Tennisdamen, Klaus Hofsäss, die Vereinigung Womens Tennis Association von Dr. Birmans Attest in Kenntnis setzt. Stubbs, Turnierchef der Australian Open: „Daß mich Steffi Graf selbst um ein Gespräch bat, hat mich berührt. Diese Geste demonstriert das professionelle, würdevolle Verhalten einer Ausnahmesportlerin. Ich kann mir vorstellen, wie schwer ihr der Verzicht gefallen ist. Wir Australier schätzen Steffi Graf als eine großartige Tennisspielerin und wünschen ihr alles Gute."
Melbourne in jenem Januar. Ein Alarmsignal, die Zeichen der Zeit zu erkennen. Noch nie hatte Stefanie während eines Grand-Slam-Turniers absagen müssen, nur 1986 entschied sie sich für einen Verzicht auf Wimbledon. Die Chronik ihrer bisherigen Verletzungen und Krankheiten aber wirft Schlaglichter auf eine erschütternde Gefährdung, auf eine schicksalhafte Verknüpfung von Sieg und schmerzlichem Verlust:
1981 im Juli: Als Jugendliche im Hofsäss-College in Marbella beim Basketball Bruch des kleinen Fingers an der rechten Hand.
1983 im Dezember: Melbourne, Australian Open, Erste Runde: Bruch des rechten Daumens im Spiel gegen die Australierin Elizabeth Smylie. Aufgabe.
1986 im Mai, Paris: French Open, Halbfinale: Grippe-Erkrankung, Niederlage gegen Hana Mandlikova (ČSFR).
1986 im August, Federation Cup in Prag: Zehenbruch

am rechten Fuß, auf den ein Sonnenschirmständer gefallen war.
1988 im August: Biß in die rechte Schlaghand durch Boxerhund Max in Brühl.
1988 im August/September: Wegen fiebriger Grippe Absage des Federation Cups und der Turniere in Zürich und Worcester.
1988 im November, Masters in New York: Fiebrige Grippe, ärztliche Diagnose: nicht spielfähig. Halbfinal-Niederlage gegen Pam Shriver (USA).
1989 im Oktober, Nokia-Masters in Essen: Bauchmuskelzerrung, Absage.
1989 im November, Greenwich: Im Training auf den Ball getreten, Fuß umgeknickt, Pause nach dem Sieg beim Masters.
1990 im Februar, St. Moritz: Skiunfall, Knochenabsplitterung am rechten Daumen, 62 Tage Pause.
1990 im Mai, Paris, French Open: Fiebrige Grippe, Final-Niederlage gegen Monica Seles.
1990 im Juli, Wimbledon, Halbfinale: Kiefernhöhlen-Vereiterung. Niederlage gegen die US-Amerikanerin Zina Garrison. Ärztliche Behandlung in Deutschland an der Uni-Klinik Heidelberg, Durchstoß der Nasennebenhöhlen.
1990 im Oktober, Nokia-Masters in Essen: Viruserkrankung, Absage.
1990 im November, Masters in New York: Magenprobleme, Halbfinal-Niederlage gegen Gabriela Sabatini (Argentinien).
1991 im Juli, Federation Cup in Nottingham: Verletzung an der rechten Schlaghand, Aufgabe nach der zweiten Runde.
1991 Juli bis September: Schlaghand-Probleme bleiben

bestehen, kurzfristiger Heimflug vom Turnier in Leipzig zur Behandlung in der Uniklinik Heidelberg, Schwierigkeiten in Zürich und Brighton.
1991 im November, Master in New York: Probleme an der Schlaghand immer akuter, Viertelfinal-Niederlage gegen Jana Novotna (ČSFR).
1991 im Dezember, Hopman-Cup in Perth: Kopfgrippe mit Mittelohrentzündung, Verzicht auf das Mixed mit Boris Becker im Viertelfinale gegen Frankreich, Aufgabe im Halbfinal-Einzel gegen Helena Sukova (ČSFR).
Stefanie Graf und die Geschichte ihrer Verletzlichkeit. Es ist eine Geschichte der Seele, aber auch eine der Höhen und Tiefen rein körperlicher Kraft. Es ist die Geschichte einer jungen Frau, die sich für ein Wagnis entschieden hat und sich bereit zeigt, alle damit verbundenen Unwägbarkeiten zu tragen.
Bei der in unserer Unglücksstatistik ebenfalls erwähnten Daumenverletzung im Turnier um die Australian Open, Dezember 1983, war Stefanie auf dem nassen Rasen des Kooyong-Stadions ausgerutscht und hatte sich zudem noch Bänderrisse in der rechten Hand zugezogen. Kurz vor dem Abflug nach Deutschland erhält sie eine Botschaft: „Laß den Kopf nicht hängen. Greif wieder an! Herzlichst, Martina.« Noch viel später hat Stefanie Graf dieses für sie überraschende Wort der damaligen Weltranglisten-Ersten lange beschäftigt. Sie sah darin einen Fingerzeig auf mögliche, wünschenswerte Normalität menschlicher Beziehungen zwischen Rivalinnen, bemerkte aber auch, daß ein solch privater Zug des Mitfühlens oft leider nur dann offenbar wird, wenn Sorge, Leid und Bitterkeit zu kompensieren sind. Die Katastrophe, und wenn sie nur aus einem gebrochenen Daumen besteht, als Lehrmeister eines menschlichen Blicks für den anderen.

„Wird Steffi Graf jetzt endlich mehr Sorgfalt für sich selbst entwickeln können?“ fragt im Januar 1992, nach der Erkrankung in Melbourne, der Londoner „Observer“.

Steffi Doodle Doo oder: „Nur weg hier!“

1992 war ein Jahr, in dem diese Sportlerin geradezu symbolisch die Kontraste von Hoch und Tief zu spüren bekam, die Unerbittlichkeit einer neugierigen und erwartungsverwöhnten Öffentlichkeit ebenso wie die Unwägbarkeiten der eigenen Psyche. Am Ende dieses Jahres wird Steffi Graf, wie vielleicht in keinem anderen Jahr zuvor, eine andere sein.
THE NEW YORK TIMES

Januar 1992: Beim Hopman-Cup scheidet Stefanie Graf gemeinsam mit Boris Becker gegen die ČSFR aus. Virusgrippe im Kopf und Tränen in den Augen. Auf Melbourne muß Graf verzichten.
Februar: Späte Jahrespremiere Mitte Februar (in Chicago gegen die Japanerin Hiraki zweimal 6:0 – „Höchststrafe“, wie es im Tennisjargon heißt). Im Halbfinale allerdings verliert Stefanie Graf gegen Jana Novotna. Wieder kämpft sie mit den Tränen, droht an sich selbst zu verzweifeln.
März: Es geht aufwärts. Sieg in Boca Raton, dem Ort 30 Minuten von Miami entfernt, wo ein Grafsches Haus steht, in einer Straße, die ausgerechnet „Champions Boulevard“ heißt. Stefanie schlägt Conchita Martinez.

Danach geht es wieder abwärts: Halbfinal-Niederlage in Key Biscayne gegen Angstgegnerin Gabriela Sabatini.
April: Die Sabatini bleibt Angstgegnerin – sie zwingt auch in Amelia Island der Brühlerin eine Niederlage auf.
Mai: Hamburg ist erneut und zwar zum sechsten Mal fest in gräflicher Hand. Ein Zweisatzsieg über Sanchez an der Alster – es folgt ein Dreisatzsieg über die Spanierin an der Spree. Stefanie Graf gewinnt auch das Turnier in Berlin.
Juni: Paris erlebt eines der beeindruckendsten Damen-Spiele aller Zeiten. Monica Seles hält Stefanie Graf nieder, gewinnt 10:8 im dritten Satz. Besonders die leichten Bälle verpatzt Stefanie systematisch – 66 sogenannte vermeidbare Fehler.
Juli: Kein einziger Mißgriff in Wimbledon – ein geradezu unvermeidlicher Sieg. Stefanie Graf „verprügelt" Monica Seles. Aber die Jugoslawin bleibt weiter die Nummer eins.
August: Barcelona sollte eigentlich nur eine sportliche Routinereise werden: Gold fassen. Es scheint, als könne sich Stefanie voll und ganz der olympischen Atmosphäre jenseits des Courts widmen. Aber Jennifer Capriati schafft die Überraschung. Stefanie schaut nicht glücklich aus, als sie Silber umgehängt bekommt.
September: Fast ein Rekord – lange nicht mehr ist die Deutsche so früh in einem Grand-Slam-Turnier ausgeschieden. Im Viertelfinale stellt ihr Arantxa Sanchez-Vicario ein Bein.
Oktober: Endlich doch noch ein „Goldener Herbst" – Siege in Leipzig, Zürich und Brighton mit zwei Finalsiegen über Jana Novotna und einem über Martina Navratilova.
November: Stefanie im Finale von Philadelphia, gelunge-

ne Revanche (6:0, 6:1) gegen Olympiasiegerin Capriati. Die Deutsche in Topform fürs New Yorker Masters. Alles fiebert einem Kampf gegen Monica Seles entgegen.

Und dann? Der Tiefpunkt des Jahres. Mit 6:7 (1:7) und 4:6 unterliegt Stefanie unverständlich mürbe der US-Amerikanerin Lori McNeil, 18. der Weltrangliste. Stefanie hat das letzte Wort, und das schon nach der ersten Runde. Resümee in New York, ihrer Lieblingsstadt: „Nur weg hier!"

Erinnerung an das Turnier vor fünf Jahren, da hatte Stefanie Graf den Titel im Madison Square zum ersten Mal gewonnen, war schon ein paar Wochen die Nummer eins gewesen, wohnte damals in jenem gleichen Hotel, in der Präsidentensuite, mit dem Telefon, das auch in diesem verflixten 1992 die Wartezeit auf einen Anschluß mit Glenn Miller verkürzt: „String of Pearls." Refrain: „Seven, three, six, five – oh, oh, oh!"

Nichts perlt mehr. Nicht mal Sekt. New York als die Stadt der Spielverderberinnen. 1991 hieß die Hürde Jana Novotna, jetzt Lori McNeil. 79 Minuten Elend.

Als das Masters-Halbfinale ausgespielt wird, hat Stefanie Graf ihre Wohnung in New York eingerichtet, im übrigen festgestellt, daß sie noch nie auf dem Empire State Building war, und man munkelt, nun sei sie mit einem Caravan auf einem Highway der Staaten unterwegs; weit weg. Mit Michael Bartels, dem 24jährigen Formel-3000-Rennfahrer aus Plettenberg. Die Boulevard-Presse hat wieder ihren Stoff – nachdem es vor drei Jahren Tennisspieler Alexander Mronz war (Händchenhalten, Waldspaziergänge), dann Simply-Red-Sänger Mick Hucknall, schließlich der New Yorker Fotograf Ken Nahoum, der „Nudel-Porträtist". Nun also der

Rennfahrer („Liebe nimmt Zweifel – zusammen gegen die ganze Welt").
Stefanie Graf also: „Nur weg hier!" Freilich nicht ohne sportive Ankündigung: „1993 will ich es noch einmal wissen. Ich werde bersten vor Ehrgeiz."
Im Januar bereits wird sie gemeinsam mit Michael Stich zum deutschen „Traumpaar" beim Hopman-Cup (2:1 gegen Spanien), gewinnt die inoffizielle Mixed-Weltmeisterschaft. Ein Kuß und 105 000 Dollar.
Auch das gehörte in jenen Wechsel eines Jahres von Licht und Schatten – dpa meldet Mitte November:
Die Popgruppe „Angefahrene Schulkinder" hat auf ein gerichtliches Verbot ihres Liedes „I want to make love to Steffi Graf" reagiert. Die Osnabrücker Band veröffentlicht einen neuen Titel über den Tennisstar: „Steffi doodle doo". Stefanie Graf hatte ein Verbot gegen das erste, ihr gewidmete Lied erwirkt. In dem Lied hatte es geschmacklos geheißen: „I want to make love to Steffi Graf ... Like her Father did it thousand times before." Das neue Werk ist wesentlich harmloser. Die „Angefahrenen Schulkinder" singen der 23jährigen Brühlerin ein Schlaflied mit dem äußerst eingängigen Text: „Steffi doodle doo, Steffi doodle dei. All that I can do, is to sing this lullaby" (Alles, was ich tun kann, ist, ein Schlaflied zu singen).
„Niemand weiß, wie ich wirklich bin." Sagt Stefanie Graf immer wieder. Und: „Ich will eigentlich nur eines: zufrieden mit mir selbst sein. Das ist doch das Wertvollste, was ein Mensch in diesem kurzen Leben erreichen kann."
Es wäre schon viel gewonnen, wüßte die Welt endlich ihren wirklichen Namen: Graf, ja. Aber: Stefanie ...

HANS-DIETER SCHÜTT

Ein starkes Foto – ein starker Aufschlag!

Aberglaube

Ein ganz bestimmter Rock oder ein ganz bestimmtes Stirnband? Nein, ich bin nicht abergläubisch, sondern mehr ein von der Vernunft bestimmter Mensch.
(September 1988)

Achtzehn

Für mich ist das keine besondere Zahl, was das Lebensalter betrifft. Es wird sich bei mir nicht viel ändern. Sicher, ich darf wählen. Aber ich glaube gar nicht, daß ich mit achtzehn wählen werde. Ich bin nicht reif genug, um mich da entscheiden zu können. Aber den Führerschein werde ich machen, wenn ich 18 bin.
(April 1987)

Es wird sich nichts ändern nach meinem 18. Geburtstag. Außer vielleicht, daß ich Verträge unterschreiben darf.
(Mai 1987)

Am liebsten hätte ich meinen 18. Geburtstag in aller Ruhe nur mit meiner Familie und ein paar guten Freunden verbracht. Doch ich weiß, daß mich einige meiner Sponsoren besuchen werden, um mit uns zu feiern. Klar, daß ich solchen Dingen Rechnung tragen muß. Das macht mir auch nichts aus. Am Nachmittag sind wir ja dann vielleicht allein. Auch meine ehemaligen Trainer Hans Engert und Antonio Fernandez wollen kommen.
(Juni 1987)

Affären

Ich habe alles Mögliche abgehakt, auch die Sache mit meinem Vater. Aber in Wahrheit hab ich's wohl nicht hinter mir gelassen, sonst wäre ich sicher lockerer.
(Mai 1992)

Agassi, André

Schwarz ist meine Lieblingsfarbe, ist Ruhe, Eleganz. Aber auch Olivgrün oder Grau mag ich. Nur das Grelle und Pinkige kann ich nicht leiden. Deswegen läßt mich auch dieser André Agassi so total kalt. Nicht mein Fall, dieses bunte Gefieder.
(Oktober 1990)

Alleinsein

Wenn ich mit mir allein bin, lese ich irgendwas oder mache irgendwas, aber für dieses In-sich-selbst-Hineinhorchen oder Sich-Fallenlassen ist die Tiefe oft nicht groß genug.
(Mai 1991)

Alter

Manche aus dem Tennis-Circuit sagen, sie hätten später, nach all dem Streß, noch genügend Zeit, um alles Leben nachzuholen. Da ist sicher was dran. Nur, mit zwanzig oder dreißig Jahren Paris oder Rom oder New York zu erleben, das ist etwas anderes als mit vierzig oder fünfzig.
(Dezember 1991)

Amerika

Ich könnte gar nicht aufhören mit dem Tennis, dazu hänge ich viel zu sehr an meinem Sport. Aber ganz nach Amerika zu gehen und in Deutschland vorläufig nicht mehr zu spielen, das überlege ich mir für den Fall, daß die Zeitungen mich und meine Familie mit ihren Schlagzeilen auch in Zukunft verletzen.
(Juni 1990)

Anfängerin

Mit der Anfängerin Steffi Graf bin ich nicht mehr zu vergleichen, auch nicht mir der von 1988. Von meinen Schlägen her bin ich viel weiter, kompletter als damals. Da hab ich inzwischen viel mehr Varianten drauf. Mental bin ich nicht besser geworden, nee. Früher war ich eher stärker, viel ruhiger und selbstbewußter, als ich es jetzt bin.
(April 1992)

Angriff

Ich bin fast wieder hundertprozentig fit. Vor drei Tagen bin ich spazieren gegangen, vorgestern 15 Minuten gejoggt und abends in die Disko gegangen. Morgen beginne ich mit leichtem Training. Ich bin lebensfroh und zuversichtlich. Meine Gedanken sind: Wie werde ich schnell wieder fit? Und ich merke, wie sehr mir Tennis fehlt. Ich bin genauso motiviert wie vor zehn Jahren. Eher noch mehr. An das Ende meiner Karriere denke ich keine Sekunde. Im Gegenteil: Ich greife an.
(Januar 1992)

Angst

Ich habe Angst vor der Zukunft. Der Streß. Die Hektik. Es ist nicht gut, daß man schon in der Jugend das Gefühl von Fremdsteuerung hat. Manchmal, in besonders dunklen Stunden, zweifle ich sehr, sehr an dem, was ich tue.
(November 1988)

Ich habe keine Angst vor dem Tod, ich habe Angst vor Krankheit und Schmerzen.
(Februar 1991)

Ich habe keine Angst vor der Zeit nach meiner Karriere. Ich falle nicht in das gefürchtete, berüchtigte Nichts. Egal, was ich später tun werde. Vom Geld jetzt mal abgesehen, spiele ich auch nicht für die Zukunft, sondern für mich, für mich jetzt!
(Oktober 1991)

Ansprüche

Die extrem hohen Ansprüche, die ich an mich stelle – das ist wirklich ein Problem, das ich schon lange habe. Ich will immer zu viel. Das ist für die Menschen, die es mit mir zu tun haben, nicht gerade einfach. Als ich letztlich beim Masters so früh ausschied, das hat mich tagelang beschäftigt. Sehr tief innen. Da bin ich dann richtig enttäuscht von mir. Besonders, weil ich vorher so gut gearbeitet hatte.
(Dezember 1992)

Anti-Drogen-Kampagne

Ich habe in Hamburg lange mit Karl-Heinz Rummenigge gesprochen, wir beteiligten uns beide an einer Kampagne gegen Drogen. Es ist mir wichtig. Da muß man etwas tun, und ich mache mit. Prominenz hat da eine wichtige Funktion. Wir bereiten den Leuten Freude, aber gerade in einer Zeit der politischen Orientierungslosigkeit und des Mißtrauens vieler Menschen haben wir Sportler eine gewisse Vorbildfunktion. Die darf man nicht überschätzen, aber ebensowenig sollte man sie ignorieren.
(Juni 1991)

Arbeitsgesicht

Konzentration muß sein. Ich habe sozusagen, wenn es darauf ankommt, ein Arbeitsgesicht.
(September 1992)

Atmosphäre

Es gibt Spielerinnen, die zeigen mir, daß sie mir die Erfolge gönnen. Es sind vor allem die jungen Spielerinnen wie Marie-Jose Fernandez und sogar Gabi Sabatini. Als ich mal Chris Evert schlug, kamen einige und weinten vor Freude. Aber auch über Martina Navratilova kann ich nichts Negatives sagen. Sie ist jetzt unheimlich nett. Nach meinem Sieg in Key Biscayne kam sie einmal und fragte, ob ich ein Eis wolle.
(Juni 1987)

Der Circuit ist nicht gerade herzlicher geworden. Es herrscht schon eine ziemlich eisige Atmosphäre unter den Spielerinnen. Freundschaftliche Gesten wie zum Beispiel nach den Matches zwischen Boris Becker und André Agassi würde ich auch bei den Damen gern einmal sehen.
(Oktober 1991)

Aufholjagd

0:40 zurückliegen und dann noch aufholen – das ist doch das kleinste aller Wunder. Bei 0:40 nämlich ist das Spiel so gut wie abgehakt für dich, und du kannst doch herrlich unbelastet und befreit spielen. Ein wunderbares Gefühl! Mir sind solche Rückstände darum manchmal gar nicht so unlieb. 30:30 bei engem Spielstand kann eine viel brisantere Situation sein. Aber klar, ich verstehe natürlich, daß das Publikum die 0:40-Aufholjagd für das Allertollste hält.
(August 1990)

Aufschlag

Ich bin in meinem Bewegungsablauf ruhiger geworden. Ich werfe den Ball etwas weiter nach vorne und höher und habe dadurch einen günstigeren Treffpunkt. Das war vor allem gegen Martina Navratilova ausschlaggebend. Denn wenn man gegen sie nicht gut serviert, sieht es sehr schlecht für einen aus. Das war diesmal anders und der entscheidende Unterschied zu unserem Spiel bei den US-Open Anfang September, das ich am Ende knapp verlor.
(März 1987)

Beim Aufschlag auf Sand ist es beinahe egal, wohin du den Ball plazierst, jedenfalls bei den Mädchen. Auf Rasen dagegen überlege ich sehr genau, wohin ich den Aufschlag spiele. Oder ich weiß, wenn ich bei dieser Gegnerin auf die Rückhand ziele, dann kommt der Ball zu 90 Prozent cross zurück. Also stelle ich mich auf diesen wahrscheinlichen Spielzug ein.
(Juli 1990)

Ich muß, wenn es windig ist, den Ball einfach höher werfen, um da richtig reingehen zu können. Wimbledon hat gezeigt, daß ich mehr erste Aufschläge reingebracht habe als manche Herren.
Ich kann mit meinem Aufschlag, so wie er ist, wirklich zufrieden sein.
(Juli 1991)

Aufschwung Ost

Bezogen auf das Tennisspiel, heißt das zum Beispiel:
Es müßten sofort öffentliche Plätze nach US-amerikanischem Vorbild gebaut werden, so daß auch Kinder kostenlos spielen können. Die Begeisterung ist ja da. Da das Geld aber fehlt, rechne ich mit einem Aufschwung erst in drei bis fünf Jahren.
(Oktober 1991)

Aufstieg

Das ist wie ein Traum. Schließlich hat kein Mensch damit gerechnet. Und manchmal denke ich, daß ich da oben in die absolute Weltspitze noch gar nicht hingehöre. In

ein oder zwei Jahren – okay. Irgendwie kommt mir das fast zu früh vor.
(Juni 1986)

Augenleuchten

Jetzt war das Turnier in Hamburg, und ich muß sagen: Ich habe sehr viel Spaß außerhalb des Courts gehabt. Ich konnte tun und lassen, was ich wollte – ohne von irgendjemandem bedrängt zu werden. Ich war bei einem Konzert mit dem Starpianisten Justus Frantz, machte einen Stadtbummel, ging zu einem festlichen Essen mit Freunden und hatte vor allem viel, viel Schlaf. Ich hoffe, man sieht mir mein Augenleuchten an, wenn ich von dem Konzert mit Frantz erzähle. Es war unbeschreiblich schön. Klassische Musik ist etwas Wunderbares, man fühlt sich aufgehoben in einer anderen, tieferen Welt.
(Juni 1991)

Ausländerhaß

Ich komme viel herum, ich weiß, wie man aufgenommen wird in anderen Ländern, freundlich. Und dann bei uns diese sinnlose Gewalt gegen diese Menschen. Sie kommen doch nicht aus reinem Spaß zu uns, sondern die meisten sind aus ihrer Heimat vertrieben worden. Sie werden dort entweder politisch verfolgt oder sind arm. Eben Menschen, die in ihren Ländern nicht wie Menschen leben können.
(März 1993)

Außenseiter

Es gibt Fotografen, die betrachten mich offenbar als Teil ihrer Arbeit. Mit einem gelungenen Bild verdienen sie eine Menge Geld, und deshalb sind einige extrem rücksichtslos. Geschlagene zwei Wochen stehen sie dann vor meiner Wohnungstür oder dem Hoteleingang. Ich fühle mich dann eingesperrt und wie ein Außenseiter.
(Dezember 1990)

Auto

Auch für mich ist zum 18. Geburtstag ein Auto das Wichtigste. Ich gebe das ehrlich zu. Von Opel, meinem Sponsor, bekomme ich einen Omega 2000. Es hätte zwar auch was Sportlicheres sein können, aber meine Eltern wollten lieber etwas Sicheres. Die erste Fahrt mache ich mit ihnen.
(Juni 1987)

Autogrammjäger

Seit Jahren klingelt es ständig an unserer Tür. Ich habe Wäschekörbe voller Briefe. Jemand ist sogar mal über 250 Kilometer mit dem Fahrrad gefahren, um mir Geschenke zu bringen.
(Dezember 1992)

Das deutsche „Traumpaar": Stefanie und Boris – Lachen für den größten deutschen Sporterfolg

Backgammon

Oft wird mir die Frage gestellt, womit ich in den Hotelzimmern der Welt meine Zeit verbringe. Wenn Freunde im Hotel sind, spiele ich viel: Backgammon oder Karten. Ich bin inzwischen zwangsläufig auch eine recht begabte Kreuzworträtsel-Löserin. Wenn ich alleine auf dem Zimmer bin, lese ich am liebsten oder höre Musik. Ich ziehe nämlich neuerdings mit einem tragbaren CD-Player um die Welt.
(Juni 1990)

Ballmaschine

Ich würde auch gegen eine Ballmaschine antreten. Entscheidend ist für mich auf dem Platz immer die Konzentration auf mich selbst. Und auch beim Spiel gegen eine Ballmaschine ist für mich wichtigstes Kriterium, ob mein Spiel perfekt ist. Nur das zählt.
(Mai 1991)

Bartels, Michael

Die klatschsüchtigen Veröffentlichungen über meine Urlaubsreise mit dem Rennfahrer Michael Bartels, ein Sportsfreund meines Bruders, haben mich besonders geärgert. Aber irgendwie muß ich da cooler werden. Vor allem, wenn ich bedenke, mit wie vielen Männern ich im Laufe der Jahre in Verbindung gebracht wurde. Einfach lächerlich.
(Dezember 1992)

Ob er meine Tennis-Turniere besuchen wird – diese Frage müssen Sie ihm schon selbst stellen.
(Januar 1993)

Basketball

Außer Tennis mag ich Basketball am meisten. Aber auch Fußball guck ich ganz gern, und in der Leichtathletik mag ich die schnellen Sprints. Überhaupt alle schnellen Disziplinen.
(März 1990)

Bauchschmerzen

Bei jedem Interview bekomme ich Bauchschmerzen. Am liebsten würde ich spielen und schweigen.
(August 1988)

Beckenbauer, Franz

Wenn über den Franz Beckenbauer Tratsch verbreitet wird, dann wehrt sich der mit einer Eleganz und Kraft, die mir Respekt einflößt. Aber ich bin nunmal kein Mensch, der über Dinge, die ihn tief bewegen oder verletzen, locker plaudern kann. Außerdem habe ich die Erfahrung gemacht: Wenn ich mich wehre, bekomme ich es doppelt zurück.
(Mai 1991)

Becker, Boris

Letztes Jahr haben Boris und ich einmal zwei Stunden lang zusammen trainiert, in Beverly Beach. Aber im Wettkampf werde ich mich wohl ausschließlich auf Einzel oder Doppel konzentrieren. Bei Mixed-Spielen wird es einfach zu eng für mich auf dem Platz. Das ist außerdem für bessere Spielerinnen nur ein Jux. Oft werde ich in dem Zusammenhang nach den Unterschieden im Tennis von Boris und mir gefragt. Boris ist auf dem Platz explosiv und temperamentvoll. Ich kann mich zügeln, meine Psyche ist stabil. Außerdem hat mir mein Vater schon frühzeitig eingebleut, daß ich es stillschweigend hinnehmen muß, wenn jemand anders besser ist.
(Juni 1986)

Nein, ich konkurriere nicht mit ihm. Ich freue mich. Ist doch toll, wenn er mit 17 Jahren Wimbledon gewinnt.
(Dezember 1986)

Ich habe einmal gesagt, ich möchte nie so berühmt werden wie Boris Becker. Längst stecke ich nun in der gleichen Mühle. Es ist nicht einfach, so zum Allgemeingut aller zu werden. Aber ich glaube, es gibt einen Unterschied zwischen Boris und mir. Er ist von heute auf morgen Wimbledonsieger und damit berühmt geworden; bei mir ging alles schrittweise und ist langsam gewachsen. Ehrlich, ich bin glücklich, daß die Menschen so viel Interesse an meinem Tennisspiel haben.
(Juni 1987)

Meinungsforscher-Institute haben den Ehrgeiz, festzustellen, wer nun beliebter, netter, erfolgreicher ist. Das ist

doch Unfug. Irgendwo habe ich gelesen, ich sei schon beliebter als Boris. Na klar doch, er hatte ein paar Schwierigkeiten. Und genau zu diesen Zeiten müßte ihm die Öffentlichkeit helfen. Nicht dann, wenn er sowieso schon oben ist, sondern dann, wenn er heraus muß aus dem Erfolgsdruck, der auf ihm lastet. Boris hat enorm viel geleistet, das darf doch niemand vergessen.
(August 1987)

Daß wir gegeneinander ausgespielt werden, darüber haben mein Vater und ich uns gerade mit Boris und seinem Manager Ion Tiriac unterhalten. Ich habe Boris gesagt, daß ich niemals etwas sagen werde, was in diese Richtung ausgelegt werden könnte.
(August 1987)

Ich finde es teilweise ungerecht, wie dem Boris mitgespielt wird. Schließlich war er es, der den Tennissport in Deutschland so populär gemacht hat. Seine Wimbledonsiege sind wohl schon vergessen worden?! Ich für meine Person versuche nur, daß ich immer mein Bestes gebe, um erfolgreich zu spielen. Aber was mit mir einmal passieren wird, darüber habe ich mir noch keine Gedanken gemacht.
(Oktober 1987)

Beine

Mein Schlagarm stört mich so. Und meine Beine, die Oberschenkel.
(Oktober 1990)

Belohnung

Wenn ich beim Kindertennis nicht zwanzig Bälle beim Spiel über zwei Sessel schaffte, habe ich mich sehr geärgert, nicht nur, weil dann die Süßigkeit ausfiel, auch wenn nur ein Ball an den zwanzig fehlte. Dieser Ärger steckt nach schlechten Spielen noch heute in mir.
(August 1990)

Berlin-Botschafterin

Als begeisterte Olympia-Teilnehmerin liegt mir die Bewerbung Berlins für das Jahr 2000 sehr am Herzen. Mein Klub ist ja auch nach wie vor der LTTC Rot-Weiß Berlin. Aber es ist doch so: Olympia müssen alle wollen. Jeder muß sich dort einsetzen, wo er es voller Überzeugung tun kann. Bei mir geht das über Tennis am besten. Über olympische Spiele jedenfalls freue ich mich unheimlich. Jetzt mal unabhängig davon, wo sie stattfinden – die Spiele sind der Wahnsinn! Sie bedeuten mir sehr viel. Die Atmosphäre ist trotz des Rummels einmalig. Und wenn für mich bei Barcelona zum Beispiel noch eine Medaille rausspringt, na, um so besser. Das kommt mir dann auch als Olympia-Botschafterin für Berlin zugute.
(November 1991)

Berufswunsch

Ich würde gern ein Hotel eröffnen. Es müßte herrlich sein, so ein Hotel zu managen.
(April 1987)

Besessenheit

Siegen als solches ist nicht wichtig für mich. Ich habe ja schon sehr oft gesiegt. Gut spielen, besser spielen, immer besser werden – das ist es, was mich treibt, da bin ich fast ein bißchen besessen. Ich habe auch schon gesiegt und nicht so gut gespielt. Das ist es einfach nicht.
(Dezember 1992)

Bettler

Die Erinnerung an solche Menschen in den Straßen der Großstädte tut mir oft noch Tage später weh. Ich will das einfach nicht verstehen, daß Menschen so allein-gelassen leben müssen – wo doch soviel Geld in unserer Gesellschaft ist. Und es war ja nicht nur etwa ein alter Neger in London, der mich erschütterte. In Tokio habe ich auf verschneiten Straßen Menschen in Kartons liegen sehen. Aber in unseren Zeitungen sind solche Zustände nur selten ein Thema. In den Zeitungen lese ich, daß die Amerikaner diese Bomber bauen, diese neuen Tarnflugzeuge, deren Anschaffung Milliarden kostet. Warum wird mit dem vielen Geld nicht ein schöneres Leben geschaffen? Mich lähmen diese Bilder von diesem kriegerischen Reichtum und der wehrlosen Armut immer sehr. Nur, sie sollten mich eigentlich nicht lähmen, sie sollten mich aggressiv machen.
(Juni 1990)

Bienen

Vor Bienen habe ich mehr Angst als vor Schlangen, denn ich bin schon zweimal gestochen worden. Gebissen worden bin ich aber noch nie.
(November 1990)

Big Point

Die Frage, was in der Weltrangliste nun exakt die Nummer 5 oder Nummer 7 von der Nummer 1 unterscheidet, kann ich nicht beantworten. Vielleicht nicht so sehr die gute Vorhand an sich, sondern die gute Vorhand in Krisenmomenten und der Big Point unter psychischem Druck.
(August 1989)

Blender

Angeber, Blender kann ich nicht abhaben – Menschen, die alles besser wissen wollen, die mehr scheinen, als sie sind. Für mich sind Gespräche mit den Menschen wichtig. Ich glaube, ich erkenne sehr schnell, ob ich einem Menschen vertrauen darf oder nicht. Ich habe mich jedenfalls bisher sehr, sehr selten geirrt.
(August 1987)

Blicke

Die Leute gucken mich dauernd an. Ich weiß gar nicht, wo ich hinschauen soll. Ich halte die Blicke nicht aus!
(April 1987)

Blockade

Wenn mein Kopf blockiert ist, passieren merkwürdige Dinge. Gehen wir mal zwei Jahre zurück, das war wohl in Berlin: Ich hatte damals ein paar Probleme mit mir. Ich bin auf den Platz gegangen und war nicht konzentriert. Da verlierst du natürlich Selbstvertrauen, verlierst dann auch Spiele. Was, denkst du, mach ich jetzt falsch? Was anders als vor einem halben Jahr? Du überlegst und überlegst, statt einfach zu spielen, und du versuchst, in Standardsituationen irgendwas anders zu machen. Die Probleme, die ich hatte, die hatten viel mit der Presse zu tun. Daß die Journalisten immer wieder in mein Privatleben einbrachen, das hat mich sehr verletzt.
(Juni 1992)

Boxer

Ben darf eigentlich nicht auf den Teppich, aber er nutzt es sofort aus, wenn Vater und Mutter nicht im Zimmer sind. Ich darf ihn demnächst das erste Mal mit nach Amerika nehmen. Nicht wahr, Dicker, jetzt lernst du auch noch die große Welt kennen.
(Mai 1989)

Das ist Benni, mein Benni. Ich liebe ihn. Neun Jahre ist er nun schon bei mir, und ich habe zu keinem meiner vier Hunde eine so zärtliche Beziehung gehabt wie zu Benni.
(Juni 1990)

Briefe

Etwa 100 Briefe bekomme ich pro Tag. Meistens sind es Bettelbriefe, ehrlich. Neulich schrieb ein junger Mann, er brauche 10 000 Mark, nachdem er finanziell in Schwierigkeiten geraten sei. Er hat sogar seinen Bankauszug mitgeschickt und gedroht, sich umzubringen, wenn wir nicht zahlen. Meine Eltern haben sich lange beraten und dann abgelehnt. Wo kommen wir da hin, wenn wir so etwas anfangen! Der junge Mann hat sich übrigens bisher nicht wieder gemeldet.
(Juni 1986)

Ich kann nicht alle Briefe beantworten. Aber wenn mir Leute lange Briefe schreiben und mir ihr Herz ausschütten, dann beantworte ich diese Schreiben sehr gern und nehme mir Zeit dafür. Denn die Menschen haben sich ja auch Zeit genommen, mir zu schreiben.
(Januar 1992)

Broadway

Sein unteres Ende erinnert an Berlin, vielleicht Kreuzberg oder so. Das ist so ein Stadium vor der Sanierung, die auf sich warten läßt und vielleicht nie eintritt. Kaputte Gehwegplatten, unebene Straßen, nachgedunkelte Häuserwände, selbst die sattsam bekannten Schutt- und Müllhaufen am Wegesrand. Oder die fast kleinbürgerliche Kramladenhaftigkeit, dazu noch fast erloschene Reklamebuchstaben auf dem bröckelnden Putz.
Für jeden ist etwas im Angebot – von der Kunst bis zum Ramsch.
(März 1991)

Bruder

Manchmal frage ich mich, ob ich meinem jüngeren Bruder den Vater nehme. Aber ein schlechtes Gewissen habe ich nicht. Mein Vater kommt häufig erst später zu Turnieren oder fliegt vor mir wieder nach Hause. Er sorgt dafür, daß er genauso häufig bei meinem Bruder ist wie bei mir.
(Mai 1989)

Brühl

Ich bin gern woanders, aber dann bin ich auch gern wieder hier, ich habe die Hunde so lange nicht gesehen ...
(Dezember 1992)

Bummeln

Diese Tage neulich in New York, wo ich einfach nur so herumgebummelt bin und mir Sachen für meine neue Wohnung ausgesucht habe, wo ich so durch die Galerien gegangen oder einfach nur durch die Stadt gelaufen bin – sowas vermisse ich schon sehr.
(Dezember 1992)

Chagall, Marc

60 Mark für eine Schallplatte kommen mir teuer, 100 000 Mark für ein Bild von Chagall kommen mir preiswert vor. Der Kauf eines so tollen Chagall bei Sotheby spricht nicht gegen, sondern für meine Sparsamkeit. Wissen Sie was? Ich habe eine Lithografie von Miro ersteigert. Und das sogar zu einem Bruchteil des Chagall-Preises!
(Juli 1990)

Champion

Ein Champion freut sich nicht über Siege, er ärgert sich über Niederlagen. Ich ärgere mich sogar über Niederlagen beim Training.
(Mai 1987)

Charakter

Ich bin verbissen, unruhig und stur. Das sind Eigenschaften, die meinen Erfolg befördert haben, und zugleich sind diese Merkmale durch das Tennisspiel gefestigt worden. Sicher ist es ein Problem, daß ich lernen muß, mich über einen Turniersieg auch mal richtig zu freuen, ihn zu genießen, nicht immer sofort in die Selbstkritik zu gehen. Damit stärke ich mental meine Gegnerinnen. Außerdem mache ich oft die Öffentlichkeit auf meine Fehler und Schwächen aufmerksam. Prompt nörgelt dann die gesamte Presse an mir herum. Weil ich das alles über mich ziemlich genau weiß, muß sich einiges ändern. Ich muß entspannter und ruhiger

sein, muß die Dinge mehr mit Gelassenheit betrachten, und ich sollte nicht mehr dauernd auf die Uhr schauen, nicht stets nur an Spiele und Training denken. Ich habe nämlich eigentlich genug von diesem Druck, dieser ewigen Jagd nach mehr und mehr.
(November 1991)

Central Park

Die grüne Lunge der Stadt New York. In der Nähe wohnte John Lennon, eine denkwürdige Gegend. Auf der weiten Wiese nahe seinem Haus aalen sich die Sonnenhungrigen. Ein paar Meter weiter donnern harte Rhythmen aus zwei riesigen Lautsprecherboxen. Um sie herum kreisen im Takt zuckend Musikfans im Alter von 15 bis 17 Jahren. Ununterbrochen, geradezu selbstvergessen, sich mit Akribie zur Schau stellend und trotzdem unbeobachtet. Man steht irritiert und doch ungeheuer beeindruckt am Rand und denkt nur die Phrase: „It's America!“
(Juni 1991)

Chinatown

„Doppelgänger“ von Hongkong. Die Farbe Rot, habe ich festgestellt, dominiert dort. Senkrecht verlaufende Schriftbilder kleiden die Häuserfront ein. Selbst die roten Telefonzellen haben kleine nachgestaltete Pagodendächer. Wer hier einkaufen will, muß wahrscheinlich gut chinesisch sprechen können. Oder er braucht nur ein sehr einfaches Englisch. Man hat den Eindruck, hier in Chinatown machen die Menschen das Maximale aus

ihrem Leben und noch aus den einfachsten Dingen. Kein Fenster, das nicht ein Firmenzeichen trägt, keine Gasse, die vor Gewimmel bald erstickt, kein Geschäft, das nicht vor Papierdrachen, Laternen oder Bronzeglöckchen fast überschwappt.
(August 1992)

Collins, Phil

Phil Collins trifft mein Lebensgefühl – aber nicht seine fetzigen, sondern die melodischen Rhythmen. Er singt ja Lieder von der Liebe, aber es ist eine Liebe auf dünnem Eis. Und er singt Lieder von Freundschaften, auf die man auch in der Not zählen kann. Eine Liedzeile auf seiner neuen Platte „But Seriously“ heißt: „We Have Our Problems, But I'm On Your Side.“
(Juni 1990)

Computer

Ich spiele nicht für den Computer. Durch die Weltrangliste lasse ich mich nicht verkrampfen. Für mich ist es wichtig, daß ich immer Lust und Freude am Spiel habe. Und dafür sind immer wieder auch Pausen notwendig. Außerdem: Tracy Austin und Andrea Jäger sind warnende Beispiele für mich. Sie standen sehr schnell weit oben und können jetzt wegen diverser Verletzungen nicht mehr spielen.
(März 1987)

Couch

Nein, auf die Couch eines Psychologen lege ich mich nicht! Abgesehen davon, daß ich das überhaupt nicht nötig habe – aber das würde mein Selbstbewußtsein nicht aushalten und verkraften. Ich möchte meine Probleme allein lösen. Freilich weiß ich: Schon allein wegen dieser Antwort sagen jetzt die Psychiater, die Graf gehört auf eine Couch!
(November 1992)

Credo

Bei Menschenporträts habe ich einen ganz bestimmten Trick: Ich fotografiere gern mehrere Leute, die sich untereinander kennen, also im Leben irgendwie zusammengehören, auf meinen Bildern dann aber einzeln und wie verloren voneinander entfernt zu sehen sind. Also etwa zwölf Menschen auf einem Foto, das dann so wirkt, als stünden sie zufällig da und hätten keinen Kontakt miteinander. Das ist meine spezielle Ästhetik, mein Credo, wenn ich das als Laie so nennen darf. Ich habe aber noch einen anderen Tick: Ich fotografiere die Menschen am liebsten so ein bißchen schief. Das heißt, ich halte die Kamera bei der Aufnahme absichtlich so, daß die Figuren auf dem entwickelten Bild leicht schief im Raum oder vor einer Landschaft stehen. So sind sie mir ganz nah und doch irgendwie verfremdet.
(März 1993)

Dakota

Einer meiner Verehrer läßt sich einfach nicht abschütteln. In den Himmel von Paris hat er mit dem Flugzeug schreiben lassen: „I love you, Steffi Graf. Dakota."
Das ist sein Name.
(Juni 1989)

Dali, Salvatore

Vor allem interessieren mich die Museen. In Paris war ich im Museè d'Orsay; in London habe ich mir eine David-Hockney-Ausstellung und in Zürich eine von Dali angesehen. Ich sagte mir, Stefanie, das ist ein absolutes Muß. Es hat sich gelohnt: Ich war von einer Bilderausstellung noch nie so begeistert. Ich glaube, Dali ist einer meiner Lieblingsmaler.
(Juni 1990)

Damentennis

Ich bezähme mich. Natürlich habe ich nach einem verschlagenen Ball oft das Bedürfnis, mir Luft zu machen. Aber ich glaube, gerade beim Damentennis darf man nicht solche Sprüche loslassen wie beim Herrentennis. Da ist das was anderes, wenn mal jemand „Scheiße" sagt. Ich sag' sowas nicht. Auch wenn ich's denke.
(Dezember 1986)

Wimbledonsieger Pat Cash hat über das Damentennis gelästert, es sei Müll. Das ist, gelinde gesagt, sehr böse. Wir haben nicht die Muskeln der Männer, wir sind nicht

so schnell, und wir können nicht so hart schlagen. Aber das Finale des Turniers von Paris zwischen Martina Navratilova und mir stand auf einem hohen Niveau. Beim Herren-Endspiel zwischen Mats Wilander und Ivan Lendl sind doch einige Leute schon nach dem ersten Satz gegangen. Ich finde es super, daß das Damentennis so weit aufgeholt hat. Und es ist doch sehr spannend bei uns geworden. Die Leute erleben doch mit, wie die großen alten Namen, wie Martina und Chris Evert unter Druck geraten, weil junge Spielerinnen sie jagen. Darauf bin ich stolz; ich bin dabei, ich gehöre zu denen, die das Damentennis attraktiver gemacht haben. Pat Cash sollte mal richtig zugucken!
(August 1987)

DDR

Mich interessieren viele Länder, und das nicht so sehr, um dort Tennis zu spielen. Ich möchte Land und Leute kennenlernen. Und ich würde unheimlich gerne einmal in der DDR spielen. Da war ich noch nicht. Man hat mir erzählt, dort bin ich durch das Fernsehen genauso populär wie bei uns. Ich möchte einmal erleben, wie die Leute auf Tennis reagieren, wenn sie es live sehen. Das interessiert mich.
(August 1987)

Ich würde gern drüben spielen. Katarina Witt hat vorgeschlagen, daß sie gegen mich im Tennis antritt – unter der Voraussetzung, daß ich auf's Eis gehe ...
(Mai 1988)

Delon, Alain

Den finde ich als Mann ganz irre. Neulich in Paris kam er völlig überraschend in das Restaurant, in das ich mich gerade gesetzt hatte und wünschte mir für das Turnier alles Glück. Das war schon ein phantastischer Auftritt, muß ich sagen. Der soll schon um die 55 sein, aber du hast keine Chance, ihm das anzumerken, so jung und vital federt der durch die Landschaft. Und als er so reinkam in das Lokal, mein lieber Gott, da sah er auch von der Figur her phänomenal aus.
(Juni 1990)

Denken

Die Sache ist die: Wenn man jünger ist, denkt man gar nicht daran, was man auf dem Platz macht. Man versucht sich einfach zu konzentrieren und wartet auf den nächsten Ball. In letzter Zeit habe ich für jeden Ball ein paar Möglichkeiten, ein paar Ideen gehabt. Aber ich wähle halt noch öfters mal die falsche. Zwischenzeitlich habe ich sogar zu viel versucht und konzentrierte mich dadurch gar nicht mehr auf meine Stärken. Wenn man mehr denkt auf dem Platz, wird Tennis sehr, sehr schwer.
(Oktober 1991)

Depression

Man muß sich für Depressionen nicht schämen. Denn sonst müßte ich mich ja manchmal rund um die Uhr schämen. Ich habe nämlich selber depressive Tage. Oft weiß ich überhaupt nicht, warum. Diese bleiernen

Stimmungen fliegen mich einfach an und drücken mich nieder.
(Juni 1990)

Depressionen habe ich nicht. Ich bin kein depressiver, höchstens ein nachdenklicher Typ.
(April 1991)

Deutschland

Ich spiele am liebsten in Deutschland. Die Atmosphäre hier ist ganz anders. Man hat nur hier das Gefühl, daß das Puplikum hinter einem steht, und man möchte deshalb besser spielen als sonst.
(April 1986)

Deutschland gefällt mir generell sehr. Die Sprache, die Landschaft, alles. Ich möchte nie woanders leben.
(April 1987)

Ich liebe Deutschland, ich liebe meine Heimat über alles in der Welt. Ich habe gerade in Marbella Urlaub gemacht und mich mit der deutschen Mannschaft auf den Federation Cup vorbereitet. Da habe ich auch am Strand in der Sonne gelegen. Das mag ich eigentlich gar nicht. Das war eine Ausnahme. Aber da war Ruhe nach dem Turnier von Wimbledon und nach dem Finale, das ich gegen Martina Navratilova verloren hatte. Die Ruhe brauche ich, aber mein Zuhause auch. Deshalb hat mein Vater für die Familie in Brühl auch ein großes Grundstück mit Wald gekauft. Da kommt eine Mauer herum, hinter ihr liegt schon jetzt ein Trainingsplatz. Da kann ich

abgeschlossen für mich sein. Das brauche ich. Ich hoffe, daß die Leute das verstehen, die mich und mein Tennisspiel mögen. Sie müssen doch anerkennen, daß es mit dem, was sie von mir auf dem Fernsehschirm sehen, nicht getan ist.
(August 1987)

Deutschland ist nicht mehr das alte Deutschland. Es sind die Erfahrungen der Menschen aus der DDR hinzugekommen, und wir Altbundesrepublikaner geben unsere Erfahrung hinzu. Ich wünsche mir mehr Neugier aufeinander. Die spüre ich im Moment nicht. Und was Tennis betrifft: Die meisten Menschen interessieren sich für den Sport, er wirkt verbindend. Zudem weiß ich aus meiner Post, wie viele Anhänger ich auch hier im Osten habe. Ich will zum Beispiel mit meiner Teilnahme am Turnier in Leipzig dazu beitragen, daß Ost und West schneller zusammenwachsen. Dafür engagiere ich mich mit ganzer Kraft.
(Oktober 1991)

Durch das Tennis-Leben hat man eine so quälende Unruhe in sich. Wenn ich in Deutschland, in Brühl, bin, verspüre ich schon nach wenigen Tagen wieder den Wunsch, woanders zu sein. Und wenn ich dann woanders bin, sehne ich mich nach Hause. Wegen dieses ewigen Kribbelns kann ich mir auch heute noch nicht konkret vorstellen, wo ich einmal leben werde oder leben möchte. Natürlich müßte ich dabei Rücksicht auf die Kinder nehmen. Irgendwo zwischen Europa und den USA sehe ich mich. Ausschließlich in Deutschland zu leben, ist aus heutiger Sicht nicht drin.
(Januar 1992)

Diät

Ich habe da keinen Fahrplan. Die Ärzte haben mir abgeraten. Ich war ja bis zuletzt in der körperlichen Entwicklung. Die ist nach jüngsten Untersuchungen übrigens abgeschlossen, mit 1,74 Metern habe ich meine Größe erreicht; ich wachse nicht mehr.
(Juli 1986)

Dominanz

Ich denke neu über mein Leben nach, wenn mich meine Dominanz im Tennis anfängt zu langweilen und zu bedrücken.
(Juli 1992)

Doping

Niemals!
(April 1987)

Meistens heißt es ja, daß Doping im Tennis gar nichts nützt, weil die Koordination davon negativ beeinflußt wird. Aber das ist für mich trotzdem ein ganz heißes Eisen. Ja, Doping ist auch im Tennis ein Thema.
(Mai 1992)

Dreißig

Das berühmte dreißigste Jahr. Man sagt, da sind die ersten Zwischenbilanzen zu ziehen, was das Leben betrifft. Und da werden wichtige Weichen gestellt. Ich weiß eines schon jetzt genau: Tennis spiele ich mit dreißig nicht mehr.
(Oktober 1988)

Dresden

Ich führe kein hastiges Leben, so kann man das nicht sagen. Es gibt wohl wenige Sportlerinnen, die sich die Städte, in denen sie spielen, so intensiv angucken wie ich. Schon als Kind habe ich oft Museen besucht. Das tue ich auch heute in jeder Stadt. Und wenn ich es zeitlich schaffe, so wie kürzlich in Dresden, lerne ich gern Künstler kennen, besuche die Ateliers. Das fasziniert mich.
(Dezember 1992)

Dressel, Birgit

Es hat mich erschüttert, als sie starb. Daß diese hervorragende Leichtathletin infolge einer undurchsichtigen medikamentösen Behandlung starb, hat aber für mich und mein Verhältnis zum Sport keinerlei Konsequenzen. Ich werde regelmäßig untersucht, nehme keine Medikamente. Und Mittel, mit denen man im Tennissport eine Leistungssteigerung erzielen könnte, sind mir schon gar nicht bekannt.
(Juni 1987)

Drogen

Jede Droge ist ein Schlag gegen dich selbst. Sag' nein zu Drogen.
(Oktober 1991)

Druck

Meine Eltern üben keinerlei Druck auf mich aus. Die bremsen mich sogar.
(Oktober 1982)

Das wichtigste an einem Leben für den Sport: Man muß zuallererst Druck auf sich selbst machen.
(November 1989)

Du

Bei den Journalisten, die mich schon kannten, als ich siebzehn war, regt mich die Duzerei nicht so auf.
Bei anderen aber empfinde ich sie manchmal als eine ziemliche Unhöflichkeit.
(Juni 1990)

Dunlop

Der größte Wunsch meines Schläger-Sponsors Dunlop ist es, daß ich mal mit John McEnroe Mix spiele. Wir beide benutzen ja schon sehr lange den gleichen Schläger-Typ.
(Juni 1987)

Ehrgeiz

Ich will gut spielen. Ich brauche nur auf dem Platz zu stehen, und der Ehrgeiz ist einfach da.
(Oktober 1991)

Solange ich Tennis spielen werde, solange ich lebe, werde ich immer mit Ehrgeiz ins Match geben.
Ich kann noch hundert Turniere gewinnen und werde beim 101. wieder ebenso ehrgeizig sein.
(März 1992)

Ich versuche wirklich, weniger ehrgeizig zu sein. Aber es gelingt mir nicht. Es ist so schwer, sich von sich selbst zu verabschieden. Im Grunde genommen mache ich mich mit meinem Ehrgeiz selbst kaputt.
(Juni 1992)

Natürlich will ich immer mein Bestes geben. Mir macht alles erst dann Freude, wenn ich das Gefühl habe, gut zu sein. Wenn mein Tennis gut ist, dann fühle ich mich gut. Nicht nur auf dem Platz, mir geht es dann überhaupt viel besser. Gefühlsmäßig eben. Ich brauche offenbar dieses Spiel, um leben zu können.
(Dezember 1992)

Einsamkeit

Ich bin sehr gerne allein. Ich war schon als Kind gerne allein. Du nimmst Eigenarten in dir wahr, die du im Lärm mit anderen überhörst.
(Juni 1990)

Einzelgänger

Tennis ist natürlich noch immer wahnsinnig wichtig für mich. Aber ich versuche jetzt manchmal auch, mich aus dem Ganzen herausziehen zu lassen, mich von Freunden mitziehen zu lassen. Das habe ich früher nicht gemacht, weil ich eher der Typ Einzelgänger bin und stets meine Ruhe haben wollte. In letzter Zeit hat sich das etwas geändert.
(Oktober 1991)

Eitelkeit

Mein Gott, auch ich bin natürlich eitel, aber ich lebe das Gefühl nicht vor der Kamera aus, sondern für mich ganz alleine und versteckt, am schönsten nach einem gelungenen Spiel.
(März 1993)

Elend

Es herrscht Elend auf der Welt. Wir müssen lernen, mit weniger zufrieden zu sein. Aber wir sind nicht mit weniger zufrieden!
(Juni 1992)

Empörung

Empören? Gerade gestern. Erinnern Sie sich?
Als wir mit dem Auto durch London fuhren, da saß ein alter Neger auf dem Bürgersteig, auf dem Bürgersteig

vor einem matt erleuchteten Kaufhaus. Völlig regungslos, so daß ich erst dachte, er sei eine Figur, und in eine Art Cape eingemummt, das die Farbe seiner Haut hatte. Neben ihm stand dieser riesige Einkauf-Bollerwagen, der der Mann mit seinen Habseligkeiten beladen hatte, mit ein paar dunklen Decken zum Wärmen.
Und dann sein Gesicht! Er hatte so ein hoffnungsloses Gesicht.
(Juni 1990)

Ende

Über das Ende meiner Karriere habe ich schon nachgedacht. Das war zu Beginn des Jahres, nach einer Viertelfinal-Niederlage gegen Jana Novotna bei den Australian Open und der Niederlagenserie gegen Gabriela Sabatini. Da war ich ziemlich down. Ich hatte ernsthafte Rücktrittsgedanken, von denen mich erst die späteren Erfolge und guten Erfahrungen mit dem Publikum in Hamburg und Berlin wieder abbrachten.
(Dezember 1991)

Entscheidungen

Die werden gemeinsam getroffen! Mein Vater fragt mich, ob ich dieses oder jenes Turnier spielen will. Er fragt mich auch, ob ich lieber in Adidas oder Puma spielen möchte. Wir diskutieren dann gemeinsam und finden einen gemeinsamen Nenner.
(April 1987)

Entschuldigung

Wenn ich schlecht spiele, entschuldige ich mich auch beim Trainer. Es ist ja auch seine Arbeitszeit.
(April 1991)

Entspannung

Für mich ist Abschalten unheimlich wichtig. Die Zeit vor Wimbledon war hart. Sehr schön, aber hart. Ich hatte 45 Spiele hintereinander gewonnen, kam immer ins Finale. Da habe ich in Wimbledon gemerkt, daß vielleicht der letzte Biß gefehlt hat. Sicher, ich wollte unbedingt gewinnen, aber ich habe gemerkt, daß irgendwie etwas gefehlt hat. Ich habe dann sieben Tage lang kein Tennis gespielt. Und als ich dann auf den Platz ging, war ich wieder richtig heiß, da bin ich nach jedem Ball gerannt und habe gemerkt, daß ich wieder da bin. Das war in Marbella, in der Vorbereitungsphase auf den Federation Cup.
(August 1987)

Enttäuschung

Was Freunde betrifft, bin ich nicht wirklich enttäuscht worden. Dafür bin ich wohl zu zurückhaltend und zu vorsichtig im Umgang mit anderen Menschen. Ich habe da in mir so eine Art Selbstschutz, stürze mich in keine Bekanntschaft bedenkenlos hinein.
(Mai 1989)

Ich versuche oft, ein bißchen lockerer ranzugehen, einfach nicht jeden Ball ernstzunehmen. Doch ich komme auf den Platz, ein paar schlechte Schläge, und schon könnte ich wieder loslegen. Ich bin eben enttäuscht, daß ich in den letzten Jahren nicht mehr an Leistung gebracht habe. Absolut enttäuschend.
(November 1991)

Erfahrungen

Am liebsten mache ich das ganz allein, Erfahrungen verarbeiten. Allein fühle ich mich sehr wohl. Da denke ich dann über mich nach und komme immer besser mit mir klar. Da habe ich viel dazugelernt.
(Dezember 1992)

Erfolg

Ich habe mich entschlossen, für den Erfolg zu leben, also muß ich mit allen Konsequenzen dieses Lebens fertigwerden.
(Dezember 1991)

Erkältung

Der Arzt hat mir dringend geraten, ich solle mich nach Wimbledon operieren lassen. Bei dieser Operation, sagte er mir, werden Fensterchen in die Nasennebenhöhlen eingebaut. Und ich glaub, ich brauche das Fensterchen wirklich. Denn schon auf dem Rückflug von Hamburg nach London war die Nase wieder zu.
(Juli 1990)

Erziehung

Meine Erziehung war nicht hart, sie war freundlich und streng. So ein bißchen nach dem Motto: Nun wein nicht gleich, Steffi, beiß die Zähne zusammen. Diese Erziehung hat mich natürlich geprägt. Beim Masters-Turnier vergangenen November in New York, Sie glauben nicht, wie angeschlagen ich da war. Vor dem Spiel gegen die Tschechoslowakin Novotna war ich sogar im Krankenhaus, weil ich mir den Fuß umgeknickt hatte, und während des Spiels dachte ich die ganze Zeit: Das hältst du nicht durch, du mußt jetzt vom Platz gehen. Aber dann habe ich mich trotz des geschwollenen Fußes noch durch ein Drei-Satz-Match gegen Gabriele Sabatini gebissen und schließlich auch das Finale gepackt.
(Juli 1990)

Evert, Chris

Sie gab sich zwar immer sehr reserviert und distanziert, aber kürzlich hatte ich ein Erlebnis mit ihr, das ich so schnell nicht vergessen werden. Sie trainierte in Boca Rotan neben mir, das heißt, eigentlich sollte sie auf dem Platz nebenan spielen, ging dann aber auf einen entfernteren Platz. Am nächsten Tag bin ich nach Chicago geflogen und habe dort ein Fax von Chris Evert bekommen. Sie entschuldigte sich, daß sie nicht Hallo gesagt hatte. Sie hat sich geschämt, neben mir zu spielen, weil sie – meint sie – jetzt so schlecht spiele. Aber wenn ich zurück sei, sollte ich mal vorbeikommen, ihr kleines Kind sehen. Darüber habe ich mich sehr gefreut. Das hat Stil gehabt, so ein Fax nach Chicago zu schicken.
(Juni 1992)

Familie

Wenn die Beziehungen in einer Familie stimmen, dann geht vieles im Leben seinen guten Gang. Menschliche Zerwürfnisse, zerbrochene familiäre Bindungen sind bestimmt eine häufige Ursache dafür, daß junge Menschen sich so eine Art Ersatzfamilie suchen; vielleicht suchen sie die dann im Staat, in der Masse. Vielleicht liegen da auch Ursachen für Radikalismus. Vieles hat mit unerwiderter Liebe, mit Liebesunfähigkeit zu tun, mit der Unfähigkeit, wirkliche menschliche Bindungen einzugehen.
(Oktober 1989)

Das hört sich vielleicht kitschig an, aber wir lieben einander unglaublich. Wir sind immer füreinander da, wir vier; wir vertrauen einander; wir wissen, daß jeder zu jedem kommen kann, egal, was passiert. Das hilft uns sehr. Dieser ganze Zirkus, der durch mich in die Familie hereinkam, dieser Druck – das hat uns noch enger zusammengebracht.
(Oktober 1992)

Fanatismus

Das Leben ist ein unlösbares Geheimnis, hat einmal der Filmschauspieler Marlon Brando gesagt. Manchmal denke ich auch über so einen Satz nach. Mag sein, daß man nur als Fanatiker zum Superstar werden kann. Man muß auf Tennis richtig süchtig sein. So süchtig vielleicht wie Connors, der nie aufhören wollte? Oder wie Guillermo Vilas, der solange gespielt hat, bis es nicht

mehr auffiel, als er abtrat? Oder süchtig wie Yannick Noah, der mehrmals mit Tennis Schluß machen wollte, aber immer wieder zurückkehrte? Ich weiß es nicht, ich fühle nur, daß man seinen eigenen Rhythmus finden muß.
(Juli 1990)

Fans

Ich will meine Spiele nicht einfach so runterrupfen. Tennis darf kein Job werden, den man zwar gut macht, aber ohne innere Bewegung. Manche denken nur noch an die Million und nicht im mindesten daran, daß Tennis ohne Fans gar nichts wäre. Die Leute auf der Tribüne sind doch Teil der Show, und das wollen sie spüren, wenn ich unten spiele.
(April 1992)

Feeling

Dieses Wimbledon 1991 war der drittwichtigste Sieg in meiner Laufbahn überhaupt – nach dem ersten Wimbledon-Erfolg 1988 und meinem ersten Sieg bei den French Open 1987. Denn ich mußte diesmal vor allem mir selbst beweisen, daß ich solche kritischen Situationen wie im dritten Satz noch durchstehen kann. Es war wichtig, daß ich den Mut hatte, endlich wieder ein großes Finale konsequent durchzuspielen. Und dazu wollte ich einfach mal wieder dieses unbeschreibliche Feeling haben, das sich einstellt, wenn man ein Turnier gewonnen hat. Ich habe zwei Wochen vor Turnierbeginn unglaublich hart trainiert. Ich wußte genau: Keine andere geht so gut

vorbereitet nach Wimbledon wie ich. So etwas gibt natürlich auch großes Selbstvertrauen. Ich glaube, darum hat die Umsetzung vom Training ins Match auch so gut geklappt.
(Juli 1991)

Fernsehen

Ich bin kein Fernseh-Narr, überhaupt nicht. Viel lieber gehe ich in Pop-Konzerte. Vorgestern war ich in London bei Tina Turner. Super! Ich kenne sie ja auch persönlich. Sie war mal mit ihrer Gruppe auf unserer Tennis-Anlage in Brühl. Einer der Musiker spielt ganz gut Tennis.
(Juni 1987)

Meine Spiele gucke ich mir selten nochmal im Fernsehen an. Ich sehe mich ungern selbst. Nicht als Frau, sondern als Tennisgräfin.
(Juni 1990)

Fieber

Bei New York muß ich immer an Fieber denken, an einen fiebrigen Körper. In Vergangenheit und Gegenwart ist diese Stadt ein pulsierendes Gebilde mit so vielen gegenläufigen Kälte- und Wärmeströmen von Menschen, die hier ihr Glück machten. Oder im Elend verkamen oder sich einfach nur durchschlugen.
(April 1992)

Filme

In der jüngsten Zeit sah ich zum Beispiel „Miss Daisy und ihr Chauffeur", mit einer faszinierenden alten Schauspielerin; ein wahnsinnig schöner Film, obwohl ihm ein bißchen Pfiff fehlte. Also: Es war ein schöner langweiliger Film, so in Gefühlsseide irgendwie. „White Hunter Black Heart" mit Clint Eastwood in der Hauptrolle habe ich auch gesehen, aber die Rolle stand ihm nicht. Das Enttäuschendste? Katastrophal fand ich „Blue Steel" mit Jamis Lee Curtis.
(Juni 1990)

Filmregie

Es ist ganz merkwürdig, wie soll ich das erklären. Ich schaue mir Filme nie aus reinem Vergnügen an, da ist immer auch so ein merkwürdiges, manchmal direkt störendes Interesse an den handwerklichen Dingen. Als führte ich selber Regie. Es kommt vor, da sitze ich wie auf Hummeln und sage mir: Dieses Szene hättest du aber anders gedreht, diesen Dialog hättest du aber anders, glaubwürdiger hingekriegt, und in der und der Szene wäre ein ganz anderes Licht schöner gewesen.
(Juli 1990)

Flambage

Als ich vier oder fünf Jahre alt war, da wohnten wir in Mannheim in einem Bungalow, in dem wir im Keller so einen Hobbyraum hatten. Da hat mein Vater dann zwei Sessel zusammengerückt, und ich habe meine ersten

Schläge probiert, er auf der einen, ich auf der anderen Seite. Meine Eltern sagen übrigens, daß dieses Spiel von mir ausging. Immer wenn mein Vater heimkam, habe ich mit einem Ball und einem abgesägten Tennisschläger bereits auf ihn gewartet und ihm gesagt: Ich will jetzt wieder über die Sessel spielen. Dann haben wir so lange gespielt, bis ich so zwanzig Bälle sozusagen im Kasten hatte. Und wenn ich den Ball dann irgendwie 20mal hintereinander über den Sessel gespielt hatte, haben wir anschließend immer eine kleine Party gefeiert, bei der es zur Belohnung meine Lieblingsspeise gab: heiße Himbeeren auf Eis. Dieses Belohnungseis haben wir übrigens Flambage getauft. Flambage ist ein schönes Wort aus meiner Kindheit.
(Juli 1990)

Flirt

Meine einzige Beziehung ist bis jetzt der Tennissport – und mein schönster Flirt ist der mit dem Tennisball.
(Mai 1987)

Flüchtigkeit

Ich versuche, alles, was ich mache, sehr intensiv zu machen, nicht flüchtig.
(Dezember 1992)

Fortbildung

Sie fällt mir schwer wegen der vielen Turniere. Aber jetzt lerne ich gerade mit großer Freude Spanisch. Und dann lese ich gern Magazine. Andererseits geben mir natürlich auch die Reisen in fremde Länder eine ganze Menge.
(Mai 1988)

Fortschritt

Ich weiß nicht, ob die Menschen wirklich klüger und besser werden. Immer ist die Rede vom Fortschritt, aber ob das wirklich auch etwas Menschliches ist, das wage ich zu bezweifeln. Es passiert so viel Untragbares auf der Welt, und der einzelne Mensch kann das gar nicht mehr erfassen, weil so viel Schlimmes so sehr gleichzeitig stattfindet ... manchmal bin ich richtig verzweifelt, und da macht es mich dann wieder froh, daß ich etwas tue, das den Menschen doch für ein paar Stunden Freude bereitet. Tennis ist, bei Gott, keine Lösung, aber ein Angebot. Sport überhaupt.
(April 1992)

Fotograf

Fotografin möchte ich nicht werden. Aber Fotografieren macht mir großen Spaß. Ich habe auch schon etliche Videofilme gedreht. Aber ob ich das nun gleich beruflich vertiefe – das wäre wohl zu sehr eine unverbindliche Spekulation.
(Januar 1990)

Fotografen

Es gibt Fotografen mit Anstand und welche ohne. Meist fragt man mich gar nicht, ob mir ein Foto in einem bestimmten Moment überhaupt recht ist. Aber mitunter möchte ich wirklich nicht gestört werden – etwa wenn ich ausgepowert vom Training komme oder mich als Frau ganz einfach unwohl fühle. Und wenn ich dann einen Bogen um die Fotografen machen will oder abzuhauen versuche, dann meinen einige dieser Leute: Was heißt hier „nein", wir brauchen das Bild, und damit basta!
(Dezember 1990)

Fotografieren

Ich habe mir eigentlich früher nie viel aus Fotografieren gemacht. Ich weiß auch nicht, wieso mein Interesse plötzlich wuchs. Als ich eines Tages anfing, mir selbst ein Foto, ein Bild, eine Situation zu konstruieren, da machte mir das sehr viel Spaß. Das Aufregende ist dann das Warten auf die fertigen Fotos, um zu sehen, was daraus geworden ist. Das ist ein unglaubliches Gefühl. Ich will das jetzt ein wenig intensiver betreiben. Ich habe immer die Kamera dabei, wenn ich unterwegs bin.
(Oktober 1988)

Ich habe neulich Rennae Stubb, eine Tenniskollegin, mit der ich gerade zusammen Doppel spiele, gefragt: Hör' mal, wenn ich jetzt im Umkleideraum Bilder machte, wie würden die Spielerinnen reagieren? Sie meinte, es käme darauf an, wen ich fotografierte.
(Juni 1992)

Meine Lieblingsporträts sind Menschen. Aber auch Tiere fotografiere ich gern. Und Sonnenuntergänge, immer wieder Sonnenuntergänge.
(März 1993)

Frauen

Mit Frauen ist es nicht einfach. Ich hatte immer nur Freunde, keine Freundin. Beim Damen-Tennis ist die Rivalität total. Aber man sieht sich auch so selten. Beim Turnier in Boca Raton hab' ich die Sabatini nicht ein einziges Mal gesehen. In Key Biscayne war's genauso mit der Seles und der Capriati. Vielleicht mal ganz kurz, beim Umkleiden vor oder nach dem Match. Aber das sind nicht die Momente, wo du Lust hast, mit jemandem zu reden.
(Juni 1992)

Freiheit

Wenn ich mich nicht absolut frei fühlte, ginge es mir wirklich sehr schlecht. Allerdings habe ich zu wenig Zeit für mich selbst. Das stört mich am meisten. Auch würde ich gern mit Freunden weggehen. Doch so versuchst du, alle Freunde irgendwie zusammenzumuscheln und kannst dich keinem so richtig widmen.
(Oktober 1991)

Als mein Vater in den Schlagzeilen war, im Jahre 1991, hatte ich große Schwierigkeiten, ruhig und gelassen an die Sachen heranzugehen. Das hat mich schon alles sehr aufgeregt. Ich war einfach nicht frei. Dieses Gefühl hatte ich in diesem Jahr überhaupt nicht. Ich fühle mich

jetzt viel besser, bin viel zufriedener mit meinem Leben. Zufriedener mit mir.
(Dezember 1992)

Freiwild

Also dieses Thema, daß ich zu wenig lache, wird mir wohl ewig nachhängen! Und nur, weil mich die Leute lediglich vom Tennisplatz her kennen. Man kann aber einfach nicht erfolgreich Tennis spielen und dabei auch noch lachen. Ich bin kein Clown, und ich wollte auch nie in einem Zirkus auftreten. Ich hab' doch keinen Ehrgeiz, über ewiges Grinsen als TV-Ansagerin angeworben zu werden. Ein schlimmes Thema! Da kommen Leute auf einen zu und sagen „Lach doch mal!". Dann denkt man, was wollt ihr denn? Sowas passiert mir auf der Straße, wenn ich herumlaufe. Zack, wirst du angeredet. Daß ich da nicht immer freudig reagiere, ist doch wohl normal. Ich bin vielleicht ein Star, aber doch kein Freiwild.
(Oktober 1988)

Freizeit

Die habe ich doch! Als ich jetzt in Chicago war, bin ich fast jeden Tag im Einkaufscenter gewesen. Die Frage, ob ich nicht irgend etwas vermisse, wird mir am häufigsten gestellt. Aber ich vermisse wirklich nichts. Ich habe keine Lust, in die Disco zu gehen, obwohl ich das sicher überall machen könnte.
(1987)

Fremdenhaß

Ich verstehe das nicht. Manchmal bin ich nicht sehr stolz, eine Deutsche zu sein.
(September 1992)

Freund

Es ist bei meinen Lebensabläufen schwer, einen festen Freund zu haben. Er hätte an meiner Seite sehr viel mehr Probleme als ich an seiner. Außerdem käme er in eine Welt hinein, die er vielleicht als nicht gerade großartig empfindet.
(Juni 1990)

Ich möchte nicht, daß mein Freund mit mir von Turnier zu Turnier reist. Ein solcher Mann wäre keine Persönlichkeit mehr. Nein, das würde ich nicht begrüßen. Ich brauch jemanden, der stark ist. Einer, der mir dann hinterherläuft oder so, das kann ich nicht haben. Es würde mich zu sehr einengen. Also – jedenfalls sehe ich das im Moment so. Tennis spielen und einen festen Freund haben – es ist nicht einfach, aber ich glaube nicht, daß sich das ausschließen würde. Es müßte halt eben nur der Richtige sein, aber den gibt es zur Zeit noch nicht. Das läßt sich nicht erzwingen.
(Juni 1992)

Freundin

Ich hatte nie eine echte Freundin.
(März 1989)

Freundlichkeit

In diesem Geschäft des Sports wird auch die Freundlichkeit eine Ware, und das macht mich ziemlich traurig. Es gibt Leute, die schalten mit den Fernsehkameras ihr Lachen ein bzw. aus. Vor alles und jedes und jeden ist ein Preis gesetzt, und die Kurse steigen. Wenn ich an diese Dinge denke, komme ich immer wieder zu der Erkenntnis, daß die schönsten Sachen und Erfolge im Leben immer auch ihre bittere Schattenseite haben.
(Oktober 1991)

Freundschaften

Man hat innerhalb der Branche nicht so eine richtige Freundschaft, aber manche Spielerinnen sprechen doch miteinander. Vor allem nach einem Match sind alle viel lockerer. Aber das Geschäft setzt nunmal auf viel Geld, da geht's also hart zu, für Freundschaft ist wenig Zeit und noch weniger Sinn. Das kann man bedauern, aber dann darf man nicht in den Tennis-Zirkus eintreten.
(April 1986)

Ich weiß nicht, ob man, was mein Verhältnis zu anderen Tennisspielerinnen betrifft, von Freundschaften reden kann. Es gibt zum Beispiel große Altersunterschiede. Die Chris Evert ist vierzehn Jahre älter als ich. Die jüngeren Spielerinnen verstehen sich untereinander eigentlich ganz gut. Wir scherzen oft miteinander. Aber über allem steht immer eine gewisse Rivalität. Besonders unter den Topspielerinnen. Zu richtigen Freundschaften kommt es nicht.
(August 1987)

Fröhlichkeit

Der Schlüssel zur Fröhlichkeit ist Vertrauen. Es ist so kostbar, weil es so selten vorkommt. Ich kann mich Menschen gegenüber nur öffnen, wenn ich großes Vertrauen zu ihnen habe. Da ich ein veschlossener Mensch und auch schon enttäuscht worden bin, dauert das seine Zeit. Aber wenn ich mich dann wohlfühle, zeige ich wie jeder andere Mensch meine verschiedenen Gesichter.
(Juni 1990)

Frühstück

Na, ich würde sagen: am liebsten Brötchen und Erdbeeren.
(Juli 1990)

Frust

Es frustriert mich regelrecht, daß ich selten in einem Match zeigen kann, was ich mir vorher erarbeitet habe. Ein ganz kleines Stück meiner Trainingsleistungen würde schon ausreichen.
(Januar 1992)

Fußarbeit

Ich muß ehrlich sagen, für meine Fußarbeit mache ich relativ wenig.
(März 1987)

Wimbledon: der kraftvolle Schrei ...

Werner Kamerling

Fan aus Wilmersdorf

Hat doch die Steffi / mein Herz in der Hand, / die Brühlerin mit dem Tennis-Verstand. / Persönlich, da kenn ich / sie leider noch nicht. / Sie ist auf dem Play-Ground / ein leuchtendes Licht. / Ich möchte ihr küssen / ganz herzlich den Schuh. / Die Steffi wird lächeln, / nichts raubt ihr die Ruh'. / Nun zieh' ich verlegen / mich männlich zurück. / Nie bin ich verwegen, / und das ist mein – GLÜCK!

Los Angeles Time

US-Blatt

Zu den großen, unvergeßlich, grandios Geschichte schreibenden Sportereignissen dieses Jahrzehnts zählen: der Sieg des US-Olympiateams im Eishockey 1980 über die Sowjetunion und die vier olympischen Goldmedaillen von Carl Lewis 1984. Aber über all dem steht der Grand-Slam-Sieg der Deutschen Steffi Graf.

Berthold Beitz

Industrie-König

Ich möchte ihr einmal eine Medaille umhängen.

Hans-Joachim Kulenkampff

TV-Oldie

Steffi Graf? Das ist für mich die Wandlung einer Sportlerin zur jungen Frau, die in abgeschnittenen Jeans durch Lokale bummelt. Eine junge Frau, der in Rock-Konzerten auf die Füße getreten wird. Eine junge Frau, die ihrem Vater sagt: Du bleibst zu Hause. Eine junge Frau, die merkt, daß das Leben außerhalb des Tennis-Courts genauso schwierig sein kann wie eine überrissene Rückhand oder ein Volleystop.

Hardy Krüger

Weltenbummler

Für mich ist immer einer der schönsten Tennis-Momente erreicht, wenn Steffi Graf eine Monica Seles zum Schweigen bringt.

BBC

Britanniens Stimme

Wer viermal Wimbledon gewinnt, ist unsterblich. Wunder, dein Name ist Graf.

Ion Tiriac

Tennis-Guru

Wimbledon 1992 werde ich nie vergessen. Am Tag, an dem die 18jährige Jugoslawin aufhörte zu stöhnen, wurde sie von der Titelverteidigerin in denkwürdiger Weise hinweggefegt. Es gibt Zeiten im Leben eines Sportlers, in denen er auf einem unschlagbaren Niveau spielt. Steffi Graf kam dem sehr nahe.

Konstantin Wecker

Sänger des Zorns

Steffis Reflexe sind wundervoll, während sie für alle ein Lächeln übrig hat. Wenn ich an Wimbledon 1992 denke: Sie hätte auch auf dem Wasser gewonnen, so stark war ihre Entschlossenheit, ihre Wut, ihr Wille zum Sieg.

Harm Clüver

Sports

Selbst in ihrer noblen Fluchtburg abseits des Turnierrummels wirkt der multimillionäre Tennisstar so schüchtern wie noch immer auf ihren Pressekonferenzen, die ihr doch längst lässige Routine sein sollten. Aber es ist diese spürbare Verletzlichkeit, die uns sofort für sie einnimmt und die sie vor allzu bohrenden Fragen schützt. Denn stets bleibt die Sorge, daß ihre Bereitschaft, über sich zu erzählen, durch ein falsches Wort zerstört werden könnte.

Boris Breskvar

Steffi-Entdecker

Steffi war die erste Athletin, die von klein auf konstant so viel trainiert hat, wie ich es heute für optimal halte. Dadurch hat sie sich einen Vorsprung erarbeitet, der sie dreieinhalb Jahre an der Spitze gehalten hat. Jetzt ziehen die anderen nach, und das bringt unseren Sport nach vorn.

Frank Quednau

Sportreporter

Wer Steffi Grafs Erfolg auf den Grund geht, findet Beharrlichkeit, Ausdauer, eine fast brutale Konsequenz.

Justus Franz

Star-Pianist

Ich habe mit ihr gespielt, vierhändig, ein Strawinski-Lied. Sie ist sehr musikalisch, hat einen hübschen Anschlag ...

adidas

Firma, der kein Schuh drückt

Steffi, du bist großartig!

Boris Becker

Männliches „Gegenstück"

Steffi Graf und ich Konkurrenten? Da kann ich nur lachen. Für uns beide ist Platz genug, wir ergänzen uns. Vielleicht habe ich ihr einige Erfahrungen voraus, die Erfahrung zu leben, was es heißt, zu leben. Ich kann Steffi gut leiden, sie ist mir sehr symphatisch. Vor allen Dingen glaube ich, daß sie trotz ihrer Erfolge immer auf dem Boden geblieben ist.

Beate Wedekind

„Bunte"-Chefin

Steffi Graf ist in allem, was sie tut, sehr konsequent. Sie ist ein Bündel geballter Willenskraft, durchdrungen von dem Anspruch, immer an sich zu arbeiten, immer gut zu sein und besser zu werden.

Klaus Hofsäss

Damen-Bundestrainer

Die Steffi hat das Damen-Tennis durch ihr kraftvolles Spiel revolutioniert. Und deshalb muß sie nicht mehr an sich arbeiten. Sie ist eine komplette Spielerin, die spielt, was sie kann und muß: das ökonomischste und leichteste Tennis der großen Drei.

Heinz Günthardt

Steffi-Graf-Trainer

Wie es zwischen uns beiden ausgeht, bleibt ein Geheimnis.

Peter Graf

Der (Über-)Vater

Alle, die mit Steffi zu tun haben, müssen Kerle sein. Seriös und originell, die sollen Sprüche draufhaben, damit die Steffi auch ihren Spaß kriegt.

Sunday Mirror

London-Blatt

Steffi ist Dynamit.

Opel

Sponsor (1991)

Mit starkem Willen und hervorragender Technik ist Steffi Graf der wichtigste Return ihrer Karriere gelungen. Sie hat zum dritten Mal Wimbledon gewonnen. Wir von Opel freuen uns mit ihr und gratulieren.

Peggy Hartwiger

Seglerin, Olympia-Wohngemeinschaft Barcelona

Steffi Graf? Das ist für mich ein Wesen von einem anderen Stern.

Christine Pinnow

Seglerin, auch Olympia-Wohngemeinschaft Barcelona

Ich finde sie eigentlich ziemlich normal. Ein Mädchen wie wir auch.

Chris Evert

Grand Dame der Szene

Steffi ist für mich die Beste. Sie sollte was für ihr inneres Gleichgewicht tun. Ich wünsche ihr eine große Liebe. Ja, die könnte vielleicht helfen.

Karl-Heinz Rummenigge

Fußball-Alt-Star

Genau das mag ich an dieser Sportlerin: daß sie nicht ständig im Takt der Medien herumplappert und sich im Rummel aalt, sondern Stille, Disziplin und Können in den Vordergrund stellt.

Luca Barilla

Nudel-Millionär

Steffi Graf ist eine Persönlichkeit, die ich als einzigartig bezeichnen würde.

Pavel Slozil

Ex-Trainer

Steffi wurde entspannter, ruhiger; gut, daß sie auch mal länger als bis 22 Uhr im Restaurant sitzen bleibt. Gut, daß sie nicht mehr nur ans Training denkt oder ans nächste Match. Gut, daß sie nicht mehr ständig auf die Uhr schaut. Vielleicht hat sie endlich genug von diesem Druck, der ewigen Jagd nach mehr und mehr. Das wäre das Entscheidendste.

Carlos Kirmayr

Sabatini-Coach

Die Graf ist eine tolle Kämpferin, mag die Herausforderung. Die Frage ist nur, wie sorgfältig sie mit ihrem Körper umgeht.

Heidi Graf

Mutter (1981)

Es hat keinen Zweck mehr, daß Steffi gegen Jugendliche spielt. Sie sind zu schwach, und Steffi verliert leider Gottes nicht mehr. Dabei ist es wichtig, daß sie verlieren lernt. Sie soll ja nicht abheben ... Sie ist ja noch so klein und braucht die Sicherheit, daß immer jemand für sie da ist. Nicht bei Siegen. Aber wenn sie doch mal verlieren sollte, dann steht so ein Kind oft allein in der Ecke, ohne daß sich jemand um so ein Wesen kümmert ... Das Kind ist doch nicht normal. Wunderkinder sind nie normal.

Stern

Meinungsmacher (1986)

Sie hat das Zeug, die beliebteste deutsche Sportlerin aller Zeiten zu werden. Und das will was heißen. Denn eigentlich gehen zarte Gemüter im Tennis-Geschäft vor die Hunde. Wer durchkommen will, muß Dreck fressen. Die grüne Hölle des Center Court ist ein Brutkasten der Brutalität. Für diese moderne Art des Dschungelkriegs und Psychoterrors ist der blonde Teenager aus dem Badischen perfekt programmiert – und sie wird so Erstaunliches wie Sonderbares und Ungewöhnliches leisten.

Michael Groß

Deutschlands Albatros

Steffi Graf ist eine junge Dame, die Tennis als Lebenserfahrung begreift und nicht nur als Beruf. Sie weiß, was sie will und was sie nicht will. Erst die Kombination solcher Eigenschaften macht Steffi zum Vorbild. Eine Maschine zu werden mit dem einzigen Ziel, jeden Matchball unerreichbar für die Gegnerin zu plazieren, ist für Steffi keine Perspektive. Ich weiß, das bleibt so.

Nicole Uphoff

Gold-Reiterin

Sie ist für mich ein Ideal. Als Mensch und als Sportlerin, weil sie das nette Mädchen von nebenan geblieben ist.

Hör zu

Fernseh-Liebling

Mit jedem neuen Sieg rückt diese Steffi Graf etwas weiter in die Einsamkeit, wo sie mit ihrem Können allein ist. Mit einem Mädchen, das nicht mehr verliert, kann sich niemand identifizieren. Erst wenn die 20jährige aus Brühl Schwächen zeigt, rückt sie uns wieder ein Stückchen näher.

Winfried Noe

Astrologe

Das Geheimnis der Steffi Graf liegt in dem mit Jupiter, Uranus, Pluto und absteigendem Mondknoten überaus stark besetzten 5. Haus ihres Geburtshoroskops vom 14. Juni 1969. So wie die Sonne über das 5. Haus, über Licht und Wärme herrscht, so spielt Steffi Graf, um überhaupt existieren zu können. Von einem solchen unheimlichen Spieltrieb besessen, jagt sie von einem Sieg zum anderen.

Peter Ustinov

Schauspielender Tennis-Freak

Sie kann eine einzigartige Königin werden – von der man nicht nur den Preis, sondern den Wert kennt.

Günter Bosch

Ex-Boris-Coach

McEnroe hat das tollste Auge. Mats Wilander hat die beste Beinarbeit. Martina Navratilova hat die feinste Technik. Steffi hat alles zusammen, ihre Beine sind immer dort, wo der Ball hinkommt. Als würde ein Radargerät die Ortung vornehmen. Antizipation nennt man das. Talent besteht aus Kopf, Bein und Technik. Ihre Adleraugen legen einen unsichbaren Raster über den Tennisplatz. Wie ein großes Spinnennetz. Darin verfangen sich ihre Gegnerinnen.

Arnold Schwarzenegger

Der Terminator

Was Steffi geleistet hat, ist phantastisch und einmalig.

Ursula Girreßer

Ernährungs-Wissenschaftlerin

Steffi ißt, was ihr schmeckt. Lieblingsspeise: Nudeln. Energielieferanten, Kohlenhydratspender. Der Körper legt daraus Kraftpolster an, die Energiereserven liefern. So behält Steffi Ausdauer und ihre Traumfigur.

Johannes von Buttler

Parapsychologe

Eine enge Vater-Tochter-Verbindung, da kommen ganz außergewöhnliche Kommunikationsabläufe ins Spiel. Die von Steffis Vater suggerierten Anweisungen – vielleicht kommen sie in ihrem Unterbewußtsein als sogenannte posthypnotische Signale zum Tragen? Sie spielt so, wie ihr Vater es vorher gedacht hat.

Prof. Dr. Hans Steiner

Sport-Psychologe

Andere haben einen Betreuer, einen Manager und einen Trainer. Steffi Graf hat nur einen – ihren Vater. Eine ideale Konstellation. Das ist Steffis Stärke. Sie braucht nichts anderes. Tennis ist ihr Glück, ihr Leben, ihr Alles – und keine Ersatzbefriedigung, wie ihre Gegner vermuten.

Jupp Heynckes

Fußball-Trainer-Diva

Sie ist einfach als Sportlerin nicht nur auf dem Platz absolute Spitzenklasse, sonder auch privat, wie sie das alles verkraftet. Ich bin sicher, der Erfolg wird ihr nicht zu Kopf steigen.

Erich Kühnhackl

Eishockey-Barde

Das sprengt jeden Rahmen. Mit allen negativen Begleiterscheinungen wird Steffi zurechtkommen. Es ist doch immer so im Sport: Wenn man verliert, schreien alle nach Siegen, und wenn man immer nur gewinnt, sind sie auch enttäuscht.

Udo Lattek

Schalke-Veteran

Ich kenne sie nur flüchtig, aber ich habe den Eindruck, daß Steffi außer ihrem Können auch menschliche Größe besitzt.

Cornelia Hanisch

Fecht-Olympiasiegerin

Steffi Graf ist ein Jahrhunderttalent. Aber es ist nicht nur das, bei ihr kommt alles zusammen: Disziplin und Durchhaltevermögen, absolute Konzentration. Das fehlt den meisten anderen Sportlern neben dem Talent. Die Kampagne, daß Steffi das Tennis langweilig machen würde, fand ich schlimm.

Ivan Lendl

Tennis-Asket

Ich gratuliere Steffi immer wieder, ich ziehe den Hut vor ihr. Ich finde es egal, wie alt oder gut die Gegnerinnen sind, oder ob ein Spiel wegen Krankheit ausfällt. Steffi hat mit dem Grand Slam das größte Ziel im Tennissport erreicht, und das ist eine unglaubliche Leistung.

Philipp Chartier

Welt-Tennis-Chef (1988)

Ich habe alle fünf bisherigen Grand-Slam-Sieger gesehen. So etwas wie Steffi wird die Sportwelt aber kaum noch jemals erleben. Sie hat mit 19 Jahren Tennisgeschichte geschrieben.

Manfred Geist

„Welt"-Reporter

Nie zuvor, seit der Mensch einen Tennisball schlägt, hat ein Teenager einen so steilen Aufstieg in diesem Sport vollbracht wie Steffi Graf ... Nach meinem Interview offenbarte sie eine verborgene Seite ihres Wesens. Sie erlaubt mir, einen Blick in ihr Zimmer zu werden. Ich höre sie hinter mir halb laut und halb verlegen sagen: „Da sehen Sie ja, was für ein Mensch ich bin." Ich sehe vor allem Tiere, Tiere, Tiere, aus allen Materialien, auf dem Tisch, dem Boden in Regalen. Ich sehe überall Kuscheltiere.

Martina Navratilova

Gegnerin

Der Tennisverband WTA hat einen Kalender herausgebracht, in dem ihre Lieblingsgerichte, ihre Hobbys und so weiter aufgelistet sind: Das hätte ich sein können. Wir haben so vieles gemeinsam, aber kennen tun wir uns genau genommen überhaupt nicht. Ich halte es für wichtig, daß Chris Evert und ich das Zepter an die jüngeren Spielerinnen weiterreichen.

Phil de Picciotti

Graf-Agentur „Advantage International"

Steffi Graf könnte fast jeden Tag einen Schaukampf mit sagenhaften Summen spielen, aber sie denkt nicht materialistisch. So eine Kundin habe ich noch nie gehabt. Sie will nicht ins Rampenlicht.

... und die entspannte Siegerin

Gänsehaut

Man bekommt ja auf dem Platz alles mit, was die Zuschauer so schreien. Wenn einer „Great shot“ oder „Come on“ ruft, dann freue ich mich natürlich darüber. Und als ich Standing ovations bekam, ist mir schon eine Gänsehaut über den Rücken gelaufen.
(April 1987)

Gebet

Ich bete jeden Abend.
(Oktober 1991)

Geburtstag

Ich halte überhaupt nichts vom vielen Schenken. Ich habe doch schon so viel. Beim letzten Geburtstag hat mir auch mein Vater nichts geschenkt. Abgesehen davon, daß alles so hektisch war: Um halb vier nachts kam ich nach Hause, bis neun geschlafen, dann wieder packen, die ersten Anrufe, Blumen, Fotografen.
(Juni 1989)

Manchmal denke ich, daß ich eine Menge im Leben verpasse – trotz allem, was mir der Sport an Schönem bietet. ...im Grunde genommen kenne ich nur Tennis und kann auch nicht viel mehr. Das ist nicht viel, aber es ist eigentlich auch okay aus meiner Sicht. Traurige Gedanken über das Leben habe ich meistens an Geburtstagen.
(Januar 1991)

Gedankenlesen

Das wäre auch so ein Wunsch von mir. Ich treffe so viele Menschen, und wenn ich die dann reden und erzählen höre, dann möchte ich wissen, was sie wirklich denken. In die Zukunft möchte ich eigentlich nicht schauen können. Das macht das Leben langweilig, nimmt ihm das so abenteuerlich Zufällige. Aber zum Beispiel nochmal mittels einer Zeitmaschine an großen Ereignissen der Vergangenheit teilzunehmen – das reizt mich.
(Mai 1989)

Gefühl

Beim Tennis muß man aus dem Gefühl heraus spielen und schlagen. Denken schadet.
(Mai 1991)

Geld

Tennis ist ein Stück Unterhaltung. Und wenn heute Udo Jürgens für einen einzigen Auftritt 50 000 Mark erhält, regt sich kein Mensch auf. Was ist denn Schlechtes daran, mit Sport Geld zu verdienen. Abgesehen davon, daß es kein Mensch hören will, wenn mein Vater allein im letzten Jahr für Flüge, Hotels und Verpflegung 200 000 Mark ausgeben mußte.
(Juni 1986)

Ich bin jemand, der nicht viel Geld ausgibt. Ich tue das sehr ungern. Es sei denn, daß ich etwas für meine Mutter oder für meine Familie kaufe. Natürlich ist mir bewußt,

daß ich sehr viel Geld habe, und ich weiß auch, daß es viele gibt, die wenig haben. Da wird man manchmal schon nachdenklich.
(April 1987)

Ich bin ein sparsamer Mensch. Mein Vater nennt mich oft knauserig.
(August 1987)

Selbstverständlich führe ich kein ideales Leben. Sowas ist ja schließlich nicht vom Geld abhängig. Die unglücklichsten Menschen habe ich in meiner Branche kennengelernt. Und die haben ja alle Geld in Masse. Also: Das ideale Leben kann man sich nicht kaufen.
(Oktober 1989)

Ich finde, lassen wir alles mal so, wie es ist. Die Verdienste sind schon gerecht, denn wenn man sieht, wie viele Geschäfte dank dem Profitennis gemacht werden, wieviel Gewinn die Turniere erwirtschaften, dann ist es vertretbar, wenn auch die Akteure ihren Teil erhalten. Die meisten Leute sehen gar nicht, wieviel Arbeit hinter einem Tennisspiel steckt.
(Oktober 1991)

Im Reiz des schnellen Geldes liegt eine große Gefahr.
(November 1991)

Gemeinheit

Ich habe doch diesen Presseleuten gar nichts getan! Sie tun ja auch scheinheilig so, als rückten sie nur meinen Vater ins Zwielicht. Aber der kann diese Gemeinheiten besser wegstecken als ich. Die machen also in Wirklichkeit mich fertig, und mich fuchst, daß sie entsprechende Resultate sehen und sich auch noch die Hände reiben können.
(Juni 1990)

Geschäftstermine

Ich hätte so einen Termin jetzt am Montag direkt nach dem Turnier haben sollen. Den habe ich abgesagt. Dienstag ist okay, aber Montag ist kein Tag. Entweder bin ich nach einem Sieg nachts ziemlich lange unterwegs, oder ich hab' keine Lust.
(Mai 1991)

Gesichter

Ich schaue den gegnerischen Spielerinnen nie ins Gesicht. Ich kümmere mich ganz um das Spielgeschehen.
(Januar 1991)

Gesundheit

Meine Hand tut nicht mehr weh, mein Arzt hat das wirklich toll gemacht. Ich denke, daß ich auch beim Turnier in Zürich spielen werde. Obwohl ich inzwischen Pausen mache, wenn sie sein müssen. Ich höre auf meinen

Körper. Die Gesundheit ist wichtiger als alles andere. Das habe ich mittlerweile begriffen.
(Oktober 1991)

Ich habe zusammen mit meinem Vater beschlossen, ab sofort egoistischer zu sein, wenn es um meine Gesundheit geht. Wenn ich krank oder nicht topfit bin, werde ich Turniere absagen. Egal, ob Grand-Slam-Turniere oder sonstwas. Bei mir läuft es jetzt folgendermaßen ab: Völlig gesund werden, Neuaufbau im Training, dann erst das nächste Turnier.
(Januar 1992)

Gleichberechtigung

Die Frage wird immer in Bezug auf die Höhe der Preisgelder gestellt, und ich sage immer wieder, es ist genug Geld vorhanden im Frauentennis. Natürlich interessiert mich das Thema, aber ich sehe das nicht so dramatisch wie andere. Ich bin nicht unbedingt für die Gleichberechtigung – komischerweise. Wir Frauen arbeiten sehr viel. Wenn ich mich umsehe – wir geben dem Tennis sehr viel. Aber bei den Männern, wenn sie über fünf Sätze spielen, und das ein ganzes Turnier lang, so ist da schon eine andere Dimension vorhanden. Bei den Frauen sind die Leistungsunterschiede vor allem in den Anfangsphasen eines Turniers noch groß, und ich halte deshalb eine Gleichberechtigung beim Startgeld für verfrüht – obwohl die Diskrepanz schon kleiner geworden ist.
(Oktober 1991)

Glück

Wenn man plötzlich die Nummer eins im Welttennis wird, bringt das selbstverständlich Veränderung. Dieser Sprung hat mich unglaublich zufrieden gemacht, ich sage sogar, ich habe ein noch größeres Glücksgefühl als zuvor. Wobei ich von außen wenig Veränderung spüre. Bis auf die Tatsache, daß mir die Journalisten noch mehr Fragen stellen.
(Oktober 1987)

Wenn ich glücklich bin, dann tanze ich. Manchmal ganz für mich allein auf meinem Zimmer.
(Mai 1989)

Glück ist eine Zone des Erlebens, die ich auf dem Tennisplatz nicht finden kann. Glück ist so selten. Oft denke ich mir: Du hast doch so vieles, was andere sich wünschen, aber trotzdem bist du vielen Dingen gegenüber so negativ eingestellt. Ein großes Turnier zu gewinnen, ja natürlich, das ist schön. Aber Glück? Glück hat auch mit anderen Menschen zu tun.
(Juli 1990)

Goldmedaille

In einem Jahr den Grand Slam und olympisches Gold zu gewinnen, werden mir nicht viele nachmachen können. Deshalb ist es ein ganz großer Augenblick. Als ich in Seoul ankam, war ich nicht in der besten körperlichen Verfassung. Dennoch gewonnen zu haben, steigert den Wert der Goldmedaille. Gold entschuldigt und rechtfertigt den Streß, die Hektik, die Hatz der letzten Zeit.

Oft werde ich jetzt gefragt, was ich mit der Goldmedaille mache. Ich behalte sie natürlich. Ich könnte sie vielen schenken, all jenen nämlich, die mich auf einem schweren Weg unterstützt haben. Es ist nicht meine Arbeit allein, sondern auch die meiner Familie, meines Trainers Pavel Slozil, des Bundestrainers Klaus Hofsäss und all der Freunde, die mir übers Jahr halfen.
(Oktober 1988)

Golfkrieg

Es ist schrecklich, daß so etwas geschieht. Es wäre ein Segen, würde dieser Krieg möglichst schnell beendet.
(Februar 1991)

Mit 17 Jahren war alles einfacher, da brauchte ich nur zu gewinnen. Heute kann ich so nicht mehr leben. Ich muß mich mit anderen Problemen beschäftigen. Etwa mit der Golfkrise. Krieg ist immer furchtbar. Ich verfolgte das beinahe stündlich im Fernsehen. Das macht mir sehr, sehr große Sorgen.
(März 1991)

Gould, Glenn

Ich habe gerade eine Schallplatte mit Bach-Musik geschenkt bekommen, die „Goldberg-Variationen“, gespielt von Glenn Gould. Er soll ein sehr einsamer Mensch gewesen sein, und wenn es stimmt, dann berührt sein Spiel eine Stimmung, die ich auch in mir verspüre.
(Juni 1990)

Grand Slam

Die Turniere werden für mich immer wichtiger als Weltranglisten-Positionen.
(Juni 1990)

Grand-Slam-Cup

Daß es ab 1995 den Grand-Slam-Cup, wie ihn die Herren kürzlich zum dritten Mal spielten, auch für Damen geben soll – darüber hat mein Vater schon während des Federation-Cups in Frankfurt mit den entscheidenden Leuten gesprochen. Es geht darum, Ort und einen Termin zu finden. Warum sollen nicht auch wir Damen einen solchen Cup ausspielen, wenn der Zeitpunkt stimmt? Es ist doch ein herausragendes Turnier, zu dem die weltbesten Spieler kommen.
(Januar 1993)

Gras

Da gibt es vielleicht einen Widerspruch. Ich glaube, ich habe in Wimbledon eines meiner besten Turniere überhaupt gespielt. Im Grunde ging es noch einmal richtig aufwärts. Aber ich habe dabei wohl das Letzte aus mir herausgeholt. Es war die Freude, auf Gras spielen zu können. Die hat mich angetrieben. Die Freude, daß mein Spiel auch auf Gras klappt. Das hatte mir ja kaum einer zugetraut, daß ich das schaffen könnte. Wir wußten es ja selber nicht, ob es klappt. Ich habe mich noch einmal aufgebäumt und dabei mein bestes Tennis gespielt. Im

Gegensatz zu Paris. Da habe ich zwar gewonnen, aber habe nicht so gut gespielt.
(August 1987)

Gras fühlt sich wunderbar an: Mit dem Gefühl für Gras verbinde ich die Siege von Wimbledon. Gras ist das eigentliche Wunder der Natur: Es richtet sich immer wieder auf, von wem und wie lange es auch getreten wird. Die Größe des Grases ist seine triumphale Unscheinbarkeit.
(Juli 1992)

Wenn ein so klarer Sieg wie gegen Monica Seles möglich ist, dann nur auf diesem Belag, auf Gras. Es war mein bestes Spiel seit langer Zeit; vielleicht war es sogar das beste Spiel meines Lebens.
(August 1992)

Günthardt, Heinz

Heinz Günthardt ist ein Perfektionist, der über dem Streben nach hundert Prozent manchmal völlig die Zeit vergißt. Ich habe bei ihm so begeistert und viel trainiert, daß mir hinterher alles weh tat. Wir werden maximal 20 bis 22 Wochen im Jahr zusammenarbeiten. Ich brauche nicht mehr 35 Wochen einen Trainer um mich herum.
(Dezember 1991)

Mein Leben ist nach wie vor Tennis, mindestens zu 90 Prozent. Ich sehe mit meinem neuen Trainer Heinz Günthardt die Chance, mich weiterzuentwickeln, mein Potential noch mehr auszuschöpfen. Und wenn ich noch

einmal die Nummer eins werden kann, werde ich die Chance suchen. Zwei, drei Jahre will ich noch mitmischen.
(Januar 1992)

Er hat im Jahr 1992, an meinem Wimbledon-Sieg, einen ganz großen Anteil. Er ist immer voller Optimismus und versteht, das auf mich zu übertragen. Er hat mir meine Stärken wieder bewußt gemacht und damit mein Selbstbewußtsein gestärkt. Sein wichtigster Hinweis vor dem Finale von Wimbledon war so einfach wie goldrichtig. Er sagte nur, daß ich meine Mittel konsequent einsetzen soll.
(Juli 1992)

Ich bin 1992 besser geworden, glaube ich schon, ja. Auf jeden Fall bin ich ruhiger geworden. Seit Anfang des Jahres habe ich ja einen neuen Trainer, Heinz Günthardt. Mit ihm kann ich gut Gedanken austauschen. Durch ihn bin ich auf neue Hobbys gekommen, Golf, Billard, Surfen zum Beispiel. Irgendwie lockt Heinz mich vom Tennis weg. Zum Beispiel die Wochen in Wimbledon, das war richtig gut. Wie sind abends ausgegangen, zu Konzerten, Prince, Santana, Guns'n Roses. Wir waren im Theater, anschließend zum Dinner. Meine Eltern, meine Freundin Rennae, Heinz und ich. Das bin ich eigentlich gar nicht gewohnt. Aber es hat sich ja wohl ausgezahlt. Wimbledon war mein schönstes Erlebnis des Jahres.
(Dezember 1992)

Härte

Meine Verletzungsprobleme als den Preis für die Karriere, für Jahre angestrengter Arbeit zu betrachten – so sehe ich das nicht. Ich habe die letzten zehn Jahre sehr, sehr hart gespielt, vielleicht etwas zu hart, aber das war stets meine eigene Entscheidung. Ich habe das immer gern gemacht, auch wenn andere sagen, ich solle doch endlich mal zurückstecken – was ich in Zukunft auch tun werde! Ich trainiere halt einfach sehr gerne hart, das ist das Problem bei mir. Die anderen spielen vielleicht mehr Turniere, ich trainiere einfach intensiver.
(Januar 1992)

Handschrift

Ich liebe es, wenn jemand eine schöne Schrift hat. Mit schön meine ich: klar, in eleganten Linien. Ich glaube, eine Handschrift zeigt sehr viel über die Person. Nicht so im Sinn der Kriminalistik oder Zukunftsguckerei, sondern der Zuneigung für einen Menschen. Ich sehe die Leute in ihren Stimmungen dann richtig vor mir, wie auf Bildern, und die ich nicht kenne, versuche ich mir auszumalen.
(März 1993)

Harlem

Das Fotografieren von Menschen, die mich aus irgendeinem Grunde fesseln, reizt mich sehr. Nur überfalle ich diese Menschen mit meiner Kamera nicht. Ich frage sie vorher um Erlaubnis. Eines meiner liebsten Fotos habe

ich im vergangenen Jahr in Amerika gemacht: zwei unglaublich rührende alte Leute, ein Mann und eine Frau, die Hand in Hand durch Harlem gingen. Ich glaube, die hatten wunderbarerweise nicht die geringste Ahnung, daß sie fotografiert wurden. Sie haben sich sehr gefreut und mir noch lange nachgewunken.
(Juni 1990)

Mittags ist eine ziemliche Geschäftigkeit auf den breiten Bürgersteigen. Da vergißt man für einen Moment, daß man in diesem Stadtteil von New York ständig gemustert wird. Hier muß man als Weiße lernen, wie man sich fühlt, Mitglied einer nicht unbedingt erwünschten Rasse zu sein. Ich habe dort eine Kirche gesehen mit goldener Kuppel. Sie gehört den Black Muslims, einer moslemischen Sekte, die die Trennung von Schwarz und Weiß predigt und mit Erziehungsprogrammen für drogenabhängige Jugendliche Furore machte. Cassius Clay wurde ja als Muhammed Ali ihr prominentestes Mitglied.
(Juli 1991)

Haß

Ich habe noch nie in meinem Leben einen Menschen gehaßt. Darum tut es mir so leid, das sagen zu müssen: Diese Sensationsjournalisten hasse ist. Ich werden nie aufhören, diese Leute zu hassen – die nur wegen der Auflage ihrer Zeitungen meine Familie zerstören wollen. Ich halte das bald nicht mehr aus. Wenn man nur wüßte, wie man sich wehren könnte.
(Juni 1990)

Haßliebe

Ja, manchmal haßt man die Dinge, die man liebt. In kurzen Augenblicken ist das ein ganz heftiges Gefühl. Aber dann zieht es mich wieder zum Training und zu den Turnieren.
(Februar 1989)

Hau-Ruck

Ich persönlich werde wohl kaum das Hauptaugenmerk auf Angriffstennis legen. Das Turnier in Leipzig im letzten September hat mir die Erkenntnis gebracht, daß mit Hau-Ruck nichts zu gewinnen ist. Nur wenn ich in Ruhe mit langen Bällen einen Angriff vorbereiten kann, dann gehe ich auch mal vor.
(Januar 1992)

Hausfrau

Ist ja ein wenig seltsam, wenn man als junges Mädchen so redet – aber ich werde bestimmt mal eine gute Hausfrau.
(Juni 1987)

Heimweh

Ich war müde, war zu lange im Ausland unterwegs. Elfeinhalb Wochen insgesamt – solange wie noch nie zuvor in einem Stück. Das passiert uns nicht wieder. Ich will nach Hause, nach Brühl – in unser Haus, in mein Zim-

mer, endlich mal wieder im eigenen Bett liegen, mit den Hunden spielen, die Luft hier schnuppern. Es ist schön, wieder in Deutschland zu sein. Alles ist unheimlich schön.
(Mai 1988)

Mein Heimweh hält sich insofern in Grenzen, als ja immer jemand von meiner Familie bei mir ist. Außerdem rufe ich täglich zu Hause an, erkundige mich, ob mein Bruder wieder eine neue Freundin hat, wie es den Hunden geht, was es in Deutschland gibt.
(August 1988)

Helligkeit

Helligkeit – nein, die ist mein Fall nicht. Ich kann es nicht begründen, aber ich mag helle Sachen eigentlich überhaupt nicht.
(August 1990)

Hemingway, Ernest

Nachdem ich Wimbledon verloren hatte, habe ich nichts gemacht, gar nicht. Ich habe keinen Schläger mehr in die Hand genommen, das hat schon gereicht, um die Enttäuschung zu überwinden. Dadurch habe ich mich schon regeneriert. Und in Hamburg habe ich einen Werbefilm für eine Kosmetikfirma gemacht. Das bringt auch andere Gedanken. Und ich lese sehr viel. Ich habe einmal hintereinander weg alles gelesen, was ich von Ernest Hemingway gefunden habe.
(August 1987)

Hemmungen

Ich bringe in der Disko immer ungewollt die jungen Männer in unangenehme Situationen, die kriegen Hemmungen. Es gibt halt welche, die setzen sich vor einen hin und schauen einen mehr oder weniger die ganze Zeit an und warten dann eher auf irgendwas, als daß sie selbst was sagen würden. Ich selbst habe mit Hemmungen bisher nie große Probleme gehabt, muß ich ehrlich sagen. Wenn mir jemand gefällt, komme ich meistens schnell ins Gespräche. Mit den Freunden, die ich habe – ich habe ziemlich viele, und es sind eigentlich alles Jungs – komme ich gut zurecht.
(Oktober 1988)

Herbstfest

Ich bin zum Beispiel auf ein Herbstfest gegangen – dabei bin ich ja wirklich nicht der Typ, der gerne in der Menge sitzt. Eigentlich hatte ich gar keine Lust dazu, aber ich habe mich überreden lassen – und am Schluß war's dann doch ganz lustig.
(Oktober 1991)

Herz

Die Martina Navratilova, die ja viel unsicherer, nervöser und anfälliger ist als ich, hat mir in Melbourne heimlich einen Brief in meine Sporttasche gesteckt, einen netten übrigens. Sie sucht den Kontakt zu mir. Weil ich ein riesiges Problem für sie geworden bin. Die Martina verliert, wie in Australien, gegen Chris Evert, weil sie schon an

ihre Auseinandersetzung mit mir denkt. So ist das im Tennis. Wenn dein Kopf nicht frei ist und dein Herz nicht siegessicher ist, geht der Ball ins Netz oder einen Zentimeter hinter die Linie.
(Mai 1989)

Heulsuse

Ich hatte ein Schlüsselerlebnis. Das war bei einem Nachwuchs-Turnier in München. Ich war damals acht. Den ersten Satz hatte ich gewonnen. Im zweiten führte ich 4:2 und schon 40:15. Dann kam dieser Ball der Gegnerin, der mehr als einen Meter im Aus war. Aber der Schiedsrichter hat ihn gutgegeben. Ich bin an den Zaun gerannt und habe geheult. Ganz schrecklich habe ich geweint und immer wieder geschluchzt: „So eine Ungerechtigkeit, ich will nie wieder Tennis spielen." Zwanzig Minuten hat mein Vater gebraucht, um mich zu beruhigen. Danach habe ich Satz und Spiel verloren. Aber viel schlimmer für mich war, daß ich noch Wochen später beim Verbandstraining in Leimen zu hören bekam: Aus die wird nie was. Du bist doch eine Heulsuse. Darunter habe ich monatelang gelitten. Seitdem weiß ich aber auch, wie man mit Gefühlen auf dem Tennisplatz umzugehen hat.
(Mai 1989)

Hobbys

Ich liebe flotte Musik, stöbere gern durch Galerien und kaufe mir gelegentlich ein Bild. Außerdem fotografiere

ich viel, am liebsten Tierporträts und Motive aus der Natur.
(Oktober 1991)

Hotelzimmer

Selber kochen zu können, das fehlt mir im Hotel. Zum Gefängnis aber wird es nur in einem einzigen Moment: Ich bin krank, wie neulich in Paris, kann das Zimmer nicht verlassen und erfahre, daß in der Stadt ein tolles Popkonzert stattfindet und es dafür noch Karten gibt.
(Juni 1990)

Huber, Anke

Beeindruckend und stark! Aber daß sie bereits als meine Nachfolgerin gehandelt wird, ist ein altes und für mich langweiliges Thema. Ich halte das für völligen Quatsch. Wir haben eine total unterschiedliche Spielanlage und Spielweise. Daher läßt sich die sportliche Entwicklung nicht vergleichen. Abgesehen davon setzen solche Vergleiche eine jugendliche Spielerin nur unnötig unter Druck.
(Januar 1991)

Hund

Vielleicht bin ich manchmal wirklich überempfindlich, zum Beispiel heute morgen beim Training, als jemand meinen kleinen Hund fotografierte. Sowas regt mich auf. Gewöhnlich laß ich den Hund ja im Auto, aber heute

hatte ich keins, und da mußte er leider mit auf die Anlage. Ich kam mir blöd vor, mit dem Hund auf die Anlage zu gehen. Und dazu noch der Fotograf!
(Juni 1992)

Hundeleben

Jimmy Connors hat einmal gesagt, das Leben eines Tennisstars sei „a dog's life". Mit allem Ernst hat Connors, der Millionär, von einem Hundeleben gesprochen. Er weiß, wie er leben muß, und er weiß auch, wie er hätte leben können. Ich empfinde diese Bezeichnung als Warnung.
(Juli 1988)

Huppert, Isabell

Zuerst habe ich sie in einem älteren Film gesehen, wo sie am Schluß dasitzt und nur noch schweigt und auf eine traurige Weise verrückt wird ... Sie ist eine sehr sensible Schauspielerin und sie muß wohl auch eine sensible Person sein.
(März 1993)

Ich

Ich bin so wie ich bin.
(April 1987)

Ich bin wohl auch kein einfacher Mensch, weder für andere noch für mich.
(März 1993)

Ideales Leben

Ich denke nicht ans Geld. Und dennoch: Wenn ich mir überlege, wie viele Menschen sich Dinge, die sie brauchen, nicht kaufen können, dann habe ich wirklich ein ideales Leben.
(April 1987)

Idol

Die berühmteste deutsche Frau in der Welt zu sein? Die Erfüllung eines Traums wäre das ganz sicher nicht. Dieser Ruhm ist eher wie eine zweite Haut, die ich am liebsten ablegen würde. Jedenfalls sehe ich mich nicht so, wie die vielen Menschen mich sehen, nicht als ein Star und nicht als Idol.
(Juni 1990)

Image

Was heißt hier Image! Ich versuch' nicht, anders zu sein, als ich bin. Ich will den Leuten doch nichts vormachen. Aber es ist wirklich furchtbar, was manchmal für ein

Blödsinn geschrieben wird. Oder wie einfach meine Freunde reingezogen werden in alles. Da werde ich stinksauer. Aber was ist denn überhaupt ein Image?
(Juni 1992)

Immunsystem

Mein Immunsystem müßte besser sein. Aber da ist nicht viel zu machen, wie es aussieht.
(Januar 1991)

Ich habe ein schwaches Immunsystem; dagegen nehme ich ein paar Vitamintabletten.
(Mai 1991)

Insel

Ach, die berühmten drei Wünsche, was man so mitnimmt in die Einsamkeit. Auf jeden Fall Insektenspray!
(Oktober 1988)

Wenn ich für längere Zeit auf eine einsame Insel verbannt würde und außer der Zahnbürste nur drei Bücher, drei Spielfilme und drei Schallplatten mitnehmen dürfte, tja, was dann? Ich würde natürlich besonders dicke Bücher mitnehmen: „Anna Karenina“ von Leo Tolstoi, vom Grafen von Krockow „Die Deutschen in ihrem Jahrhundert“, ein Geschichtsbuch also, und einen toll bebilderten Schmöker über Kunst. Nun die Platten. Ich würde sagen: etwas von der Gruppe „The Cure“, weil das nicht so Disco-Sounds sind, die man nur einen Abend lang vertragen kann; was Gefühlvolles von

„Simply Red" und Prince, weil ich den rein musikalisch genial finde. So, jetzt die Filme: „Mississippi Burning", „Platoon" von Oliver Stone und einen alten Film: „Außer Atem", wo im letzten Bild die schöne Jean Seberg dem auf der Straße sterbenden Jean-Paul Belmondo hinterherläuft.
(Juni 1990)

Intelligenzspiel

Ja, Tennis wird im Kopf entschieden. Aber auf die Frage, ob es ein Intelligenzspiel ist, würde ich sagen: Intelligenz sollte man durch Persönlichkeit ersetzen. Um ganz oben reinzukommen, mußt du Selbstvertrauen haben, dich konzentrieren können und wohl auch ein Gefühl für Taktik haben.
(September 1990)

Intrigen

Es gibt sie, und sie sind stärker als bei den Herren. Bei den Frauen spielt sich alles indirekter ab – keine Kräche, sondern schleichendes Gift. So sind die Frauen. Ich spür' das doch, wie die Mädchen sticheln. Die versuchen, auch bei mir irgendetwas zu finden – zum Beispiel, daß ich mit anderen Spielerinnen zu wenig rede. Aber ich bin nunmal jemand, der zurückhaltender ist und den Kontakt zu anderen nicht so sehr sucht. Ich bin halt lieber mit meinen Eltern und meiner Familie zusammen.
(Januar 1987)

„Keine Macht den Drogen!“ – Sefanie Graf als unangefochtene Botschafterin des anständigen Sports

Jähzorn

Ich bin eigentlich ziemlich ungeduldig, wenn ich trainieren. Im Training gehe ich immer ungeheuer stark mit. Das ist im Moment so ein bißchen mein Problem, daß ich auch das Training viel zu eng sehe. Wenn ich nur ein, zwei Bälle spiele, werde ich schon motzig.
(Juni 1992)

Jahr 1988

Ein Graf-Jahr wird es nicht, so überheblich darf ich nicht sein. Sicher, ich bin die einzige, die alle vier Grand-Slam-Turniere gewinnen kann. Aber das ist einfach nur eine Tatsache. Das Jahr hat gerade erst angefangen, Rückschläge können immer kommen. Ich weiß, daß ich ein Vorbild bin, aber ich versuche, mich auf eine Sache zu konzentrieren. Man muß ein eigenes Ich finden. Des öfteren fühle ich mich überfordert. Ich versuche, das in diesem Jahr zu ändern.
(März 1988)

Jahr 1991

Es war kein tolles Jahr, ganz sicher nicht. Wenn ich alles in mein Urteil einbeziehe, trifft das Wort mittelmäßig es am ehesten. Vor allem zu Beginn des Jahres habe ich schlecht gespielt, als mir das nötige Selbstvertrauen fehlte.
(Dezember 1991)

Jahr 1992

Mit keinerlei Erwartungen habe ich das Jahr begonnen. Aber ich habe eine unglaubliche Lust auf Tennis und freue mich wahnsinnig. Ich habe mich selten auf ein neues Jahr gefreut wie diesmal, weil ich weiß, daß ich nichts zu verlieren habe. Trotz der guten Ergebnisse im Herbst gilt für mich: Es kann alles nur besser werden!
(Januar 1992)

Ich habe in New York gegen die 18. der Weltrangliste, gegen Lori McNeil verloren. Das Selbstvertrauen ist weg. Ich bin einfach nicht richtig in die Bälle gegangen. Es ist enttäuschend, das Jahr so zu beenden. Ein mittelmäßiges Jahr! Nur weg von hier! Aber: Ich bin voll motiviert für das Jahr 1993!
(November 1992)

Jet

Ich habe mir einen Kindertraum erfüllt: Ich flog im Militärjet F-16 mit Tempo 1600 über den Wolken, von der US-Air Base Ramstein aus. Es war einer der schönsten Tage meines Lebens. Das habe ich mir seit Jahren gewünscht. Die medizinischen Tests bestand ich ausnahmslos. Es war absolut traumhaft, unvergleichlich. Wir sind an Rhein und Mosel vorbei, dann in rund 600 Meter Höhe über mein Elternhaus in Brühl geflogen. Das seitliche Abkippen war das schönste. Und ich durfte für kurze Zeit auch mal steuern. Danach bekam ich noch eine Plakette des Geschwaders und einen Auftrag

mit auf den Weg: ein glatter Sieg über Monica Seles! Ich werde mein Bestes tun.
(November 1992)

Jugend

Verlorene Jugend? Wer mich deswegen womöglich bedauert, sollte sie bei meinen Altersgenossen beklagen, die wenig Lebenschancen haben, nach der Schule ohne eigene Schuld keine Arbeit finden oder so. Ich habe doch alles, was ich brauche: Ich habe keine Geldsorgen, kann mir die Welt ansehen und lerne auf meinen Reisen interessante Menschen kennen. Außerdem wurde ich durch meine Globetrotterei schon als junges Mädchen zu sehr viel Selbständigkeit gezwungen. Zum Tanzen in die Disco gehe ich auch. Vielleicht nicht so häufig wie andere und während eines Turniers nicht gerade bis drei Uhr nachts. Was verpasse ich also schon?
(Juli 1990)

In ein paar Jahren wird es im Damentennis keine Persönlichkeiten mehr geben, wenn es dabei bleibt, daß die Mädchen so jung in diesen Sport eindringen. Das Alterslimit heraufsetzen, bringt sicher nicht viel, denn dann werden sie wie die Verrückten trainieren, bis sie zugelassen werden. Ich habe jedenfalls schon gemerkt, daß mein Spiel mit dem der jungen Generation nicht mehr mithalten kann. Und immerhin wurde ich ja auch erst 1969 geboren ...
(Januar 1993)

Federation Cup, August 1987: Die siegreiche deutsche Mannschaft: Porwik, Meier, Bunge, Graf, Kohde-Kilsch, Coach Hofsäss (von links)

Kafka, Franz

Ich stelle bei mir selber fest, daß ich mich entspannter und selbstsicherer fühle. Dazu habe ich jetzt auch mehr Hobbys, so lese ich im Moment zum Beispiel „Das Schloß“ von Franz Kafka.
(Oktober 1987)

Kalender

Ich will nicht langweilen mit der Aufzählung der nächsten konkreten Turniere. Das ist ja im nächsten Jahr schon längst wieder vergessen. Wenn ich dennoch mal aufliste, was in den nächsten Wochen auf mich zukommt, dann nur, um zu sagen: Es ist ganz schön happig!
Grob gesagt, habe ich nach vier Monaten erstmals die Möglichkeit gehabt, ein paar Tage auszuspannen. Drei, vier Tage habe ich in der vergangenen Woche keinen Schläger in die Hand genommen. Dafür habe ich regelmäßig Squash gespielt, und das hat mir unheimlich Spaß gemacht. Am Wochenende bestritt ich ein Exhibition-Turnier in Linz, und heute spiele ich noch in Korsika. Ab Mittwoch bin ich bei einem Einladungsturnier in Mainz, und dann habe ich etwas Zeit, mich auf das Turnier in Zürich vorzubereiten. Dazwischen liegen noch einige Termine, bei denen ich meinen Sponsoren zur Verfügung stehen werde. Mein letztes Turnier in diesem Jahr wird dann das Masters im Madison Square Garden Ende November sein. Hoffentlich bin ich dann noch immer die Nummer eins.
(Oktober 1987)

Der Turnierkalender platzt aus allen Nähten, mehr geht ja gar nicht mehr. Die Spielerinnen und ihr Umfeld müssen sorgfältig planen, um die Substanz und die Spielfreude zu erhalten.
(November 1991)

Kampf

In diesem Geschäft habe ich gelernt, daß ich nicht nur in meinem Sport, sondern auch in meinem Leben werde kämpfen müssen.
(August 1990)

Karibik

Ich versuche immer, im Urlaub dorthin zu fliegen, ich Idiot, aber die Langeweile dort macht mich schwach.
(Dezember 1989)

Karriere

Das Wichtigste: Es kann immer was dazwischenkommen.
(April 1986)

Jeder muß wissen, was er will und kann. Und man sollte nur das wollen, was man kann. Sonst wird man nie glücklich im Leben.
(April 1988)

Es heißt immer von mir, ich hätte Karriere gemacht. Ich darf mich nur nicht selber belügen und beschwichtigen – ich muß stets daran denken, daß Leben aus mehr besteht als aus Jugendjahren auf dem Tennisplatz.
(Februar 1990)

Man muß so ein Leben wollen, sonst wird's nichts.
(Mai 1990)

Karrierestart

Die ersten Punkte habe ich bei einem Circuit in Skandinavien geholt. Aber an meinen ersten Turniersieg kann ich mich nicht erinnern. Eins weiß ich allerdings noch: Es hat draußen geschneit, und meine Mutter hatte mich für das Finale eingespielt.
(Februar 1990)

Kasperletheater

Sowohl mein Vater als auch ich – wir können mit seriöser Kritik leben. Aber die Medien veranstalten allzuoft ein Kasperletheater. Ich bin Weltranglisten-Erste geworden, habe das Finale der US-Open erreicht und beim Grand-Prix-Turnier in Hamburg gewonnen. Und worüber wird geschrieben? Das Sportliche interessiert schon nicht mehr, interessant scheint nur das Umfeld zu sein. Da gewinne ich in einem Jahr neun Turniere und helfe mit, daß Deutschland erstmals die Mannschafts-Weltmeisterschaft gewinnt – und alles dreht sich nur um negative Schlagzeilen gegen meinen Vater. In Hamburg präsentierte das Hotel, in dem wir wohnen wollten,

Tage vorher den Zeitungslesern in einer PR-Aktion die Zimmer. Da haben wir das Hotel gewechselt, und die Zeitungen sind auch noch beleidigt und schreiben, bei Graf-Auftritten gäbe es ein geheimnisvolles Getue, als käme der US-Präsident. Das ist geschmacklos.
(November 1987)

Key Biscayne

Key Biscayne war großartig: Navratilova geschlagen, Evert-Loyd geschlagen. Ich glaube, ich habe noch gar nicht begriffen, was da passiert ist. Aber dadurch, daß ich nun beide so glatt geschlagen habe, kann ich rückschauend feststellen, daß ich ein Superturnier gehabt habe. Und ich bin in der Rangordnung der internationalen Tennis-Szene nun wirklich die Nummer zwei hinter Martina Navratilova. Und trotzdem: So richtig verstehe ich meine Siege immer noch nicht.
(März 1987)

Kilsch-Familie

In der letzten Zeit ist oft über Streitigkeiten zwischen Jürgen Kilsch, dem Stiefvater von Claudia Kohde, und meinem Vater geschrieben worden. Mir ist es unverständlich, daß in der Öffentlichkeit so viel über Geschichten außerhalb des Platzes geschrieben wird. Sehen Sie, am 16. August wurde ich Weltranglisten-Erste, danach kam ich bei den US Open in das Finale, siegte in Hamburg und gewann zuvor auch noch für den Deutschen Tennisbund die Mannschafts-Weltmeisterschaft. Und in dieser gesamten Zeit haben weder ich noch mein Vater in der

Öffentlichkeit irgendetwas Negatives über die Familie Kilsch geäußert. Ich habe mich mit diesem Problem beschäftigt, und ich möchte deshalb nochmal klarstellen: Es wäre auch für die Familie Kilsch und insbesondere für Claudia ganz gut, wenn sie sich auf die eigenen Probleme und den Sport konzentrieren würde.
(Oktober 1987)

Kinder

Fünfzehn oder zwanzig Jahre später sehe ich mich mit zwei Kindern, glücklich verheiratet und mit einem interessanten Job.
(Januar 1992)

King, Stephen

Jetzt habe ich für mich die Bücher von Stephen King entdeckt. Es ist ein so feinsinniger, dann wieder grotesker und aufwühlender Horror, daß man einmal meint, in einer ganz anderen, seelenlosen Welt zu sein; und andererseits werden da Dinge erzählt, die wahrscheinlich sehr, sehr viel mit den Untiefen der menschlichen Seele zu tun haben.
(September 1987)

Kino

Ich bin verrückt auf Kino.
(September 1990)

Ich glaube, ich habe 1992 alle wirklich interessanten Filme gesehen. Zum Beispiel „Hearts of Darkness“, der war gigantisch. Oder „Night on Earth“ von Jim Jarmusch. Auch den Film mit Nick Nolte und Barbra Streisand „Herr der Gezeiten“.
(März 1993)

Klavier

Ja, in meinem Haus in Florida steht ein großes, schwarzes Klavier. Es steht aber nur dort, weil es ein sehr dekoratives Möbel ist. Und wenn Otto Waalkes, ein Freund der Familie, gelegentlich vorbeischaut, dann spielt er auf dem Piano, und wir singen dazu. Meistens alte Beatles-Lieder, denn die kann er am schönsten.
(Juni 1990)

Das Klavier ist ein irre schönes Instrument.
(März 1993)

Klosterschülerin

Vom Preisgeld habe ich mir ein Grundstück gekauft und darauf einen Tennisplatz bauen lassen, um in der turnierfreien Zeit trainieren zu können. Aber das ist keine Festung, dort verstecke ich mich nicht, und dort will mich mein Vater auch nicht abschotten. Das Grundstück ist mit einem Zaun umgeben und zum See hin mit einer Mauer abgegrenzt. Wer daraus entnimmt, ich wachse nun wie eine Klosterschülerin auf – also da kann ich nur lächeln.
(November 1987)

Kochen

Eine gute Köchin bin ich wohl kaum. Aber wann komme ich denn schon mal dazu, in Ruhe in einer Küche zu stehen. Obwohl das etwas sehr Schönes ist: Wenn sich ein Mensch für einen anderen Zeit nimmt, indem er für ihn etwas kocht. Etwas wirklich Zeitraubendes muß es sein. Denn nur in der Zeit, die einem selber fehlt und die man sich trotzdem für den anderen nimmt – nur das hat etwas mit Liebe und Zuneigung, auch Achtung zu tun. Tja, was kann ich selber machen? Züricher Geschnetzeltes.
(April 1992)

Konkurrenz

Meine Hauptkonkurrentinnen der Zukunft sehe ich vor allem natürlich in Monica Seles. Auch Gabriela Sabatini ist immer eine schwere Gegnerin, auch wenn sie im zweiten Halbjahr 1991 ihre Probleme hatte. Martina Navratilova ist, siehe Halbfinale US Open, immer eine unangenehme Gegnerin. Von den Jüngeren gefällt mir Andrea Strnadova nicht schlecht. Sie hat alle Möglichkeiten, wenn sie noch ein bißchen mehr Übersicht bekommt.
(Januar 1992)

Konzentration

Die Konzentration der Tennisspieler ist sprichwörtlich, das stimmt. Auch ich bin in vielen Augenblicken völlig konzentriert, mit mir und dem Spiel sozusagen absolut

allein. Aber das hält niemand anderthalb Stunden durch. Bei einem Turnier in Amerika ist es mir sogar mal gelungen, die Zigaretten mitzuzählen, die mein Manager Horst Schmitt während des Spiels auf der Tribüne geraucht hat. Es waren genau sechs. Ich glaube, am besten für deine Konzentration ist es, wenn du die zu sein versuchst, die du bist. Dann fühlst du dich in Extremsituationen am leichtesten. Jeder Spieler ist natürlich auf andere Weise mit sich im reinen. Manche bewältigen sogar durch Faxen ihre Nervosität. Die sind dann auf ihre Art völlig konzentriert, obwohl sie für die Zuschauer wirklich abgelenkt wirken. Pam Shriver und Henri Leconte sind solche Spieler.
(Juli 1990)

Ich galt mal als Konzentrationswunder. Das war was Gutes – daß ich einfach, selbst wenn ich hinten lag oder wenn es ganz eng war, mein Spieler weitergespielt habe. Ganz ruhig. Das kann ich so nicht mehr. Komisch und widersprüchlich ist dabei: Mir sind die Spiele jetzt fast wichtiger als je zuvor! Im Moment trainiere ich auch härter als je zuvor!
(Februar 1992)

Kopf

Meine Probleme gehen derzeit vom Kopf aus, nicht von den Beinen. In meiner besten Zeit gab ich bei keinem Schlag auf, rannte bis zum Umfallen. Momentan bin ich schnell gereizt und verliere rasch die Konzentration. Aber selbst wenn ich in diesem Jahr noch mehrere Matches verlieren sollte und mich der Computer an die zweite Stelle setzt – was soll's? Die Hauptsache ist, ich verliere nicht die Freude am Tennis. Dann hätte ich die wichtigste Voraussetzung für sportliche Erfolge verloren. *(Februar 1991)*

Ich brauch' was anderes für meinen Kopf, ich merke das langsam. Immer Tennis, das macht einen ja wahnsinnig. *(November 1992)*

Krabbe, Katrin

Ich war drüben in Amerika, die letzen drei Monate, habe das alles nicht so genau mitgekriegt mit der Doping-Verdächtigung. Also ich finde das ganz schlimm. *(Mai 1992)*

Kraft

Mein Kraftaufwand ist groß, ich will ja weiter sehr schnell bleiben. Mit meinem Schläger muß und werde ich in jedem Falle etwas machen. Ich spiele mit einem Racket, das seit sechs, sieben Jahren auf dem gleichen Stand ist. In dieser Zeit hat sich die Technik sehr verändert. Viele spielen heute neue Schläger, mit denen sie viel mehr Druck machen. Ich habe einige neue Modelle ausprobiert, und da flogen die Bälle doch sehr weit ins Aus. Ich bin es halt gewohnt, mit sehr viel Kraft zu schlagen, müßte also mein Spiel total umstellen. *(Juli 1991)*

Krankheit

1992, ganz klar, hat mich ganz besonders meine Krankheit am Anfang des Jahres bedrückt. Ich hatte sehr hart trainiert und war der Meinung, daß ich in wirklich bester Verfassung wäre. Und dann bekam ich diesen Virusinfekt. Ich bin zu verschiedenen Ärzten gegangen, und keiner wußte, was ist. Ich konnte mich zeitweise nicht mehr bewegen. Es war furchtbar. Dann waren es letztlich die Masern mit dem Virus zusammen. Und ich mußte mit dem Training wieder ganz von vorne anfangen, die wichtigen Turniere waren verpaßt. Das war sehr ärgerlich.
(Dezember 1992)

Krebshilfe

Ich bin in meinem Leben sehr, sehr vom Glück begünstigt. Deshalb will ich möglichst vielen Menschen helfen, denen es nicht so gut geht wie mir.
(Mai 1988)

Kreditkarte

Ich kriege genug Geld von meinem Vater. Wenn ich zum Beispiel nach Amerika fliege, bekomme ich von ihm eine bestimmte Summe. Außerdem besitze ich eine Kreditkarte, um Hotels zu bezahlen oder um mir einen Mantel zu kaufen.
(April 1987)

Kunst

Die Kunst ist die vielleicht menschlichste Äußerung – wichtiger als die meisten Entdeckungen. In der Kunst findet der Mensch das, was sich nicht auf eine einfache Formel bringen läßt, die vielen Zwischenbereiche, ohne die Leben nicht Leben wäre. Die Kunst lehrt aber auch, daß menschliches Leben seit Jahrtausenden immer nur aus ganz wenigen Geschichten besteht, die sich wiederholen. Kunst ist eine Schule der menschlichen Motive, zu leben und sich selbst zu verwirklichen. Dabei zeigt sich auch immer, daß die meisten Dramen, die meisten Tragödien durch unglückliche Liebe entstehen.
(November 1989)

Kuß

Die Reporter, die um mein Glück so besorgt sind und meinen, der erste Kuß lasse auf sich warten, die sind in meinen Augen ziemlich bescheuert dran. Denn vielleicht sind die Leute ja gar nicht um mich, vielleicht sind sie um sich selber besorgt, weil sie ohne den Kuß nichts zu schreiben, nichts zu fotografieren und nichts zu reden haben. Ich habe Freunde wie jeder andere Mensch, und ich hatte auch schon einige Male den e i n e n Freund. Nur war nicht immer eine Kamera dabei. Und ich verstehe schon, daß einige Sensationsreporter das ein bißchen ärgerlich finden. Aber ich bin nicht gewillt, das zu ändern.
(Juli 1990)

Eine der frühen Erfolge: Sekt nach dem Sieg bei den German Open im Mai 1987 in Berlin

Lachen

Schon als 14jähriges Mädchen habe ich auf den Vorwurf, ich lächelte zu wenig, nur gefragt: Soll ich auf dem Platz lächeln oder gewinnen? Das Thema langweilt mich schon. Jeder ist doch anders auf dem Platz. Martina Navratilova zum Beispiel, die lacht und schreit. Das mache ich beim Training. Da gehe ich aus mir heraus. Im Wettkampf werde ich ruhiger. Ich muß mich konzentrieren. Ich will gutes Tennis spielen, und ich will gewinnen. Und im übrigen hat mir mein Vater gesagt, er habe mich noch nie so viel lachen sehen wie zusammen mit der Martina, als wir vor der Siegerehrung zusammenstanden. Jeder, der mich kennt, weiß, daß ich unheimlich viel und gerne lache. Aber auf dem Platz spiele ich Tennis.
(August 1987)

Ich lache gern. Damit kann man seine Seele herrlich erleichtern. Wer mich zum Lachen bringt, der ist mir schon mal von vornherein sympathisch.
(Juli 1988)

Natürlich könnte ich lachen auf dem Court! Ich lach' ja auch sehr gern. Aber, auch wenn es nur Training ist, wenn einer einen Witz macht, treff' ich keinen Ball mehr. Ich muß immer voll konzentriert sein. Deshalb ist bei mir selbst jedes Training wie ein Match.
(Mai 1989)

Lady Di

Ja, ich bin gut bekannt mit Lady Di – aber ob ich Englands künftigem König William Tennis-Unterricht gebe? Ich bin nicht sicher, ob ich die Thronfolge in England bestimmen darf. Es wäre aber etwas, was mir sicherlich Spaß machen würde.
(Januar 1993)

Langeweile

Wahrscheinlich verströme ich auf Pressekonferenzen die größte Langeweile. Das fängt aber eben schon damit an, daß ich nach jedem Spiel so eine Pressekonferenz habe. Egal, wie du gelaunt bist, die kommst jedesmal in den Presseraum, du siehst all die Leute, und dann fragen sie dich: Wie hast du dich gefühlt, wie hast du gespielt? Und immer wieder dasselbe! Dann sitzt du da und überlegst, du kannst nicht schon wieder dasselbe sagen. Oft ist es auch schon so, daß erst einmal eine gewisse Ruhe da ist, bis ich dann frage: Gibt es noch eine Frage oder so? Und dann kommen sie ganz zögernd mit drei, vier Fragen, die im Grunde aber auch schon wieder Standardfragen sind, Was machst du als nächstes? Oder eben die Frage nach der Motivation. Ist doch klar, daß das stinklangweilig wird. Dann sitze ich da rum, natürlich nicht gerade mit allzu viel Engagement von meiner Seite aus.
(Oktober 1988)

Tennis macht das Leben intensiv. Vielleicht hat man in diesem Beruf auch deshalb Angst vorm Aufhören, weil da Furcht vor der Langeweile ist. Erfolg, Ruhm, Auf-

merksamkeit, wo immer man hinkommt – da kann Leben dann mit einmal furchtbar alternativlos sein. Und Langeweile ist ja schwer zu ertragen. Nick Bollettieri hat einmal gesagt: Der Mensch muß nicht irgendetwas tun, er muß eines tun: arbeiten! Wer hart arbeitet, ist glücklich – das ist eine grausame Philosophie, an der aber viel Wahres dran ist. Tennis hat den schönsten Vorteil, daß es nicht nur eine Arbeit, sonder eine Lebensart ist. Tennis muß man nicht spielen, man muß es leben.
(Juli 1992)

Laufen

Meine Schnelligkeit ist meine Stärke. Mein Vater behauptet sogar, ich könnte in der Leichtathletik auf 800 Metern Deutschen Rekord laufen. Bei einem Rennen gegen die Uhr holte er mich neulich von der Bahn – die 400 Meter hatte ich in nur 55 Sekunden zurückgelegt.
(Juni 1986)

Launen

Okay, meine Launen können schon mal ein Kreuz für andere sein, aber besser eine mit Launen, als eine, die sich vor dem Leben ängstlich verkriecht.
(März 1993)

Leben

Leben ist mehr als Filzkugeln und Millionen!
(Juni 1991)

Leichtsinn

Harter Aufschlag und harte Vorhand - diese Schläge müssen wieder so gefährlich werden, wie sie es einmal waren. Meine Rückhand ist vielleicht gar nicht das Problem. Wenn dieser Schlag als Slice flach und mit der richtigen Länge kommt, ist er sogar eine Waffe, die ich in 80 Prozent aller Fälle einsetzen sollte. Bedenklich sind meine Leichtsinnsfehler auf der Vorhandseite. Ich muß geduldiger werden, darf nicht überhastet ans Netz rennen. Und manche Experimente sollte ich in den Vorrundenspielen machen, nicht in den wichtigen, entscheidenden Matches. Man darf sich nicht von dem Willen verführen lassen, nur ja schnell fertig zu werden und mit einem 6:0 und 6:0 vom Platz zu gehen. Es hat keinen Sinn, etwa bis zum Halbfinale nicht zu schwitzen.
(Februar 1991)

Leipzig

Ich nehme auch deshalb gern am Leipziger Turnier teil, weil ich hoffe, den Spielern in der DDR helfen zu können – damit sie so schnell wie möglich gute Bedingungen für ihren Sport erlangen.
(März 1990)

Leipzig will ich noch näher kennenlernen. Dazu werde ich am Freitag bei der Eröffnung des sächsischen Tennis-Nachwuchszentrums dabeisein. Ich meine, das ist eine ganz wichtige Sache, und ich freue mich darüber, daß dieses Zentrum meinen Namen tragen wird. Ich bin

ganz sicher, daß dort in Zukunft eine gute Arbeit mit den jungen Talenten geleistet wird, bin bereit zu helfen. Zu Gesprächen mit den Leuten hier, die sehr zugänglich sind, wird es in den nächsten Tagen sicher noch kommen. Aber ich lese täglich mindestens drei Zeitungen, weiß also, daß es etliche Probleme gibt – Arbeitslosigkeit und die in diesem Monat wirksam werdenden höheren Mieten.
(Oktober 1991)

Ich habe mit dazu beigetragen, dieses Turnier aus der Taufe zu heben. Es ist eine hervorragende Veranstaltung, mit einem tollen Publikum.
(Juli 1992)

Leistungsbiest

Ein Leistungsbiest war ich eigentlich nicht, nur in den Fächern, die mir Spaß gemacht haben, in Englisch, Geschichte und Biologie. Im Sport habe ich übrigens nie eine 1 geschafft. Weil es bei uns im Sportunterricht immer nur hieß: Boden- oder Geräteturnen, Schwebebalken, Schwebebalken, Schwebebalken.
(Juli 1990)

Lendl, Ivan

Gegen ihn spielen?! O Gott, keine Chance. Ich würde schon gegen seinen Aufschlag und gegen seine Schnelligkeit verlieren. Trotzdem, das eine oder andere Pünktchen würde ich mir zutrauen.
(September 1990)

Lernprozesse

Um verlieren zu können, mußte ich nicht irgendwelche Lernprozesse durchmachen. Klar, ich habe öfters verloren als die letzten drei, vier Jahre zuvor. Aber ich habe schon so viel verloren, daß es eigentlich nicht so schlimm für mich war. Mich ärgert vielmehr die Art und Weise, wie ich manchmal verloren habe. Wenn ich weiß, daß ich einiges unter meinen Möglichkeiten gespielt habe, dann bin ich besonders sauer. Sowas ist besonders schwer für mich und passierte mir letztes Jahr einige Male. Im Training lief es unheimlich gut – im Match überhaupt nicht.
(Januar 1992)

Liebe

Mr. Richtig müßte es sein – aber den habe ich noch nicht gefunden.
(Juni 1992)

Liebesbriefe

Ich bekomme eine ganze Menge. Viele wollen eine Brieffreundschaft und: Es sind auch eine Menge Heiratsanträge dabei.
(Dezember 1986)

Lieblingsessen

Sicher die Nudeln, ja. Aber vor allem Maultaschen und Kartoffelsalat. Beides mache ich selber.
(Oktober 1988)

Lieblingshit

„It's only love" von Mick Hucknall (Simply Red).
(Juli 1992)

Limit

Es gibt ein Limit für den Ehrgeiz. Ich tu' fürs Tennis schon sehr viel, viel mehr kann ich gar nicht machen. Aber gewisse Limits habe ich schon. Diät beispielsweise würde ich nie halten.
(April 1987)

London, Jack

Ihn lese ich momentan sehr gerne. Es ist eine besondere Art von Abenteuerliteratur: Action, aber zugleich auch eine sehr soziale und seelisch berührende Erzählweise.
(April 1986)

Immer wieder Begegnungen der stets besonderen Art: Martina Navratilova und Stefanie Graf – Szenen eines Generationswechsels (hier nach dem Spiel bei den US Open 1985)

Machtkampf

Tennis ist vor allem ein psychologischer Machtkampf. Wenn du auch nur mit hängenden Schultern auf den Platz kommst, baust du deine Gegnerin bereits auf. Gefühle zeigen – das heißt auf dem Tennisplatz: Schwäche zeigen.
(Mai 1989)

Machtwechsel

Na so ein blödes Wort! Ich bin die Nummer eins, aber ich gehe auf den Platz, weil ich gern Tennis spiele und auch gewinnen will. Das mache ich aber doch als Nummer zwei genauso gerne wie als Nummer eins.
(Januar 1991)

„Mag ich“

Das Meer im Winter; Leute, die wenig sagen; leere Restaurants; den Geruch von nasser Erde; den Duft von Heu.
(Juli 1990)

„Mag ich nicht“

Parties, Feiertage, Interviews, Podiums-Gespräche, Autogrammwünsche, Schlangestehen, Fußballfanatiker, Preisverleihungen, offizielle Essen, Trinksprüche, Ansprachen, eingeladen werden, Meinungsumfragen.
(Juli 1990)

Make-up

Make-up mag ich nicht. Da fühle ich mich unnatürlich zurechtgemacht – obwohl meine Mutter meint, ein bißchen würde mir ganz toll stehen. Auch Mode ist mir momentan egal. Ich bin da nicht so anspruchsvoll. Mir genügen ein paar Jeansklamotten, um mich wohl zu fühlen.
(Juli 1986)

Mangel

Der Mangel an Nähe ist aber nicht das größte Problem meines Lebens. Denn wie gesagt, ich bin ja gern allein. Auch meine Familie ist ja gar nicht so oft bei mir. Mein Vater kommt schon seit drei, vier Jahren nur noch zu den wichtigsten Spielen; er ist ja jetzt mit meinem Bruder Michael zusammen, der Rennfahrer wird. Meine Mutter kommt öfter. Was ich wirklich vermisse, ist eine freie Zeiteinteilung. Ich bin immer unterwegs. Zwar möchte ich auch irgendwie nicht an einem Ort sein, und ich fühle mich Gott sei Dank immer überall sofort ziemlich wohl.
(Dezember 1992)

Manhattan

Das Highlife in New York beginnt pünktlich zum Sonnenuntergang. Da fluten dann die Massen von Pendlern zurück in die Vorstädte, in ihre langweiligen Vororthäuser. Irgendwie ist es dann rund um den Times Square so, daß auch die Touristen zum harten Kern der

New Yorker gehören. Manhattan beginnt am Abend, eine große Nachtmusik zu werden.
(Januar 1991)

Masters 1991

Ehrlich, beim Masters hatte ich mit mehr gerechnet. Niederlage gegen Jana Novotna! Aber plötzlich war ich nicht entspannt und sogar recht hektisch. Ich mache mir vielleicht über alles viel zu viele Gedanken. Deswegen müßte ich man versuchen, eine lockere Einstellung zu bekommen.
(Dezember 1991)

Masters-Turnier

Es ist ein sehr wichtiges Turnier, weil die besten Spielerinnen der Welt noch mal alles geben. Für mich persönlich kommt als Reiz hinzu, daß es das einzige Turnier ist, bei dem das Finale über drei Gewinnsätze gespielt wird. Das ist eine Herausforderung, und deshalb will ich auch unbedingt ins Endspiel.
(November 1991)

Mauer

Ich war gerade in Amerika, als die Mauer durchlässig wurde. Ich muß sagen, daß die Amerikaner sehr viel im TV übertragen haben. Es war ungemein eindrucksvoll, und ich habe somit viel mitbekommen. Man hat sich ja oft gefragt, wann könnte dieser Mauerdurchbruch statt-

finden. Man hat gedacht, das dauert noch 30, 40 oder noch mehr Jahre, das werde ich vielleicht gar nicht mehr erleben. Daß es jetzt so schlagartig kam, das ist wahnsinnig. Ich finde es so unbeschreiblich begeisternd, daß die Leute in der DDR das selbst so durchgebracht haben, mit ihrem Willen, ihrer Energie, auch ihrer Ausdauer. Sicher spielen weltpolitische Prozesse und die Großmächte eine große Rolle, aber ohne den immer deutlicher werdenden Willen des Volkes wäre da nichts auf diese grandios friedliche Weise zustandegekommen.
(Oktober 1992)

McEnroe, Joe

Daß Joe angeblich abfällige Bemerkungen darüber gemacht hat, daß Tennis schon 1988 olympische Disziplin ist – da muß ich ihn verteidigen. Wenn er dort starten würde, so hat er gesagt, käme er sich vor, als würde er einem kleinen Jungen den Lutscher wegnehmen. Und da ist einfach schlecht übersetzt worden. Was er gemeint hat, ist dies: In vielen Sportarten gibt es nur einen Höhepunkt im Jahr, Tennis aber ist immer im Blickpunkt. Und viele Athleten trainieren nur auf Olympia hin. Wir Tennisspieler, so hat McEnroe erklärt, würden diesen Sportlern dann bei ihrem Fest ein Stück Popularität wegnehmen. Ich finde diese Meinung einfach super.
(Mai 1987)

Absolut mein Vorbild! Auch wenn er als Rüpel gilt. Aber es geht mir um die Art, wie er spielt – so locker, so ein tolles Feeling. Einfach super. Ich hoffe immer noch, daß er wieder in die absolute Weltspitze kommt, weil er

viel Witz in seinem Spiel hat. Gut, seine Marotten sind oft etwas zu viel, aber das war ja auch immer interessant.
(August 1987)

Männer

Da gibt es einen großen Unterschied zu den Frauen. Die Männer trainieren schon mal zusammen, da geht es schon los.
(April 1992)

Mensch

Leider gerät der Sport mehr und mehr in den Hintergrund. Was interessiert, sind Schlagzeilen, die sich mit dem Drumherum befassen. Auf der Strecke bleibt oft der Mensch.
(Februar 1991)

Mentales

Im Ernst, und um das ganz klar zu sagen: Ich habe ein tolles Leben, ich möchte auch gar kein anderes haben. Aber man muß auch sehen, was dazugehört, auf dem Tennisplatz gut zu sein und jederzeit in der Öffentlichkeit zu stehen, von ihr beobachtet, begutachtet zu werden. Für die Zeit, in der wir jetzt hier sprechen, gab es bestimmt 15 Anfragen nach Interviews, um einen Fernsehfilm zu machen und für Fototermine. Aber ich kann mich sehr gut konzentrieren. Es gibt ja Leute, die schon geschrieben haben, ich sei besonders im mentalen Bereich

sehr stark. In der letzten Zeit hat mein Vater das Training bewußt gedrosselt, um mich nicht zu überfordern. Das Ergebnis war, daß ich direkt dreieinhalb Kilo zugenommen habe. Ich esse sehr gerne, ich könnte den ganzen Tag essen. Um das alles wieder runterzuholen, muß ich noch arbeiten. Erst mit dem Konditionstrainer, dann etwa 90 Minuten spielen.
(August 1987)

Methusalem

Ich kann nur den Hut ziehen vor Martina Navratilova und Jimmy Connors, und ich weiß trotzdem, daß ich kein Tennis-Methusalem werde. Ich glaube, daß Martina und Jimmy noch in einer anderen Zeit aufgewachsen sind. Ich habe schon mit dreizehn an wichtigen Turnieren teilgenommen. Auch Monica Seles wird in dem Alter, in dem jetzt Martina Navratilova ist, auf keinen Fall mehr großes Tennis spielen können.
(Oktober 1991)

Meyfarth, Ulrike

Diese Frau finde ich bemerkenswert. Ich war in Los Angeles dabei, als sie zwölf Jahre nach ihrem ersten Gold in München noch einmal Gold im Hochsprung gewann. Zwölf Jahre Hochleistungssport – phantastisch. Ich glaube, ich kann jetzt schon durchaus einschätzen, was das bedeutet.
(Juni 1987)

Minirock

Privat mag ich den Minirock auch. Vor allem schwarze.
(Juli 1988)

Mitleid

Mit Gegnerinnen? Nein. Oder doch sehr selten. Das ist eben mein Spieltrieb, der dazu führt, daß so manches Match schon nach einer halben Stunde vorbei ist. Ich gehe in das Spiel und ziehe immer voll durch. Ich will so schnell wie möglich den Punkt machen. Das schnelle Spiel ist ja so etwas wie ein Markenzeichen von mir geworden. Das ist mein Spiel!
(Juli 1987)

Mixed

Beim Hopman-Cup in Perth spiele ich Ende 1991 mit Boris Becker zusammen im Mixed. Blödsinn, wenn die Presse von Traumpaar schreibt. Aber ich freue mich auf das Turnier. Es geht mir in erster Linie darum, Match-Praxis für die Australian Open und das anschließende Turnier in Tokio zu gewinnen. Außerdem ist es eine gute Gelegenheit, einen neuen Schläger von Dunlop unter Turnierbedingungen zu testen. Zudem: Die Gegend um Perth ist herrlich. Boris und ich werden da bestimmt unseren Spaß haben. Abgesprochen haben wir allerdings noch nichts. Lassen wir die Sache doch erstmal auf uns zukommen. Auf jeden Fall werden wir zum ersten Mal Mixed spielen. Das ist doch auch nicht schlecht, oder?
(November 1991)

Mode

Die Branche macht schon Spaß. Nur ist es eben auch sehr schwer, nach vorn zu kommen. Es gibt auf diesem Gebiet schon zu viele Konkurrenten, viele gute Leute. Insofern ist es kompliziert, einen wirklichen Erfolg zu landen. Ich werde mich wohl, was meine Zukunft betrifft, nicht auf ein Gebiet festlegen. Ich werden versuchen, vielseitig zu bleiben.
(Oktober 1988)

Mörder-Rhythmus

Ich bin jetzt schon zehn Jahre in diesem mörderischen Rhythmus drin. Wenn du Tennis spielst, kannst du einfach nie ausbrechen, nie. Ich bin ganz sicher, daß ich irgendwann in ein paar Jahren ein ganz anderes Leben haben möchte. Und zwar, wenn ich noch nicht zu alt dafür bin. Ich habe alle Möglichkeiten, das ist ein gutes Gefühl. Viele Länder zum Beispiel kenne ich nur vom Lesen. Ich will aber alles erleben, sehen.
(Dezember 1992)

Monaco

Das ist keine Alternative für mich. Dort möchte ich nicht leben. Ich lebe doch nicht für meine Steuern!
(April 1987)

Motivation

Ich habe jetzt eine Serie von 39 Siegen hinter mir. Wahrscheinlich ging es bisher so gut, weil ich mir keine speziellen oder überdrehten Gedanken über meine Motivation machen muß. Ich mache mir überhaupt darüber wenig Gedanken. Ich spiele, so gut es geht – und damit ist es gut.
(Juni 1987)

Motto

Bloß nicht der Versuchung erliegen, stets ja zu sagen!
(April 1987)

Musik

Außer Simply Red und Prince höre ich gern Sade, Depeche Mode und Lenny Kravitz.
(Januar 1993)

Muskeln

Meine Muskeln mag ich nicht.
(Juni 1992)

Mutter

Meine Mutter ist der ruhende Pol in der Familie und erledigt viele lästige Dinge.
(April 1987)

Stefanie Graf in einem ihrer glücklichsten Momente – sie besitzt die olympische Goldmedaille von Seoul 1988

Nachahmung

Davon halte ich nichts. Jeder muß seine eigene Persönlichkeit sein. Es reizt mich nicht, irgend etwas nachzuahmen. Das ist überhaupt nicht meine Art. Ich denke, ich tue das Beste, das ich kann.
(August 1987)

Narren

Nur Narren sind glücklich, denke ich manchmal. Ich bin allerdings kein Narr. Um wirklich glücklich zu sein, fehlen mir vielleicht noch ein paar wichtige Erfahrungen. Aber ich habe Zeit.
(November 1991)

Nastase, Illie

Natürlich sind sie nicht alle gleich, die Tennisstars. Gewiß gab es schon immer welche, denen das alles wahnsinnigen Spaß macht. Zum Beispiel der Rumäne Illie Nastase, von dem ich viel gehört habe. Der hatte seine ganz besondere Art, es selber zu sein und „ich“ zu sagen. Er war mal Clown, mal Schlitzohr oder Bösewicht, ein Partyfreund und Frauenliebling und halt auch ein genialer Ballzauberer. Weiß der Himmel, wie der das alles schaffte.
(Juli 1991)

Nationalhymne

Als ich auf dem Podest stand, die deutsche Nationalhymne erklang und die deutsche Fahne hochgezogen wurde, hatte ich doch eine Gänsehaut. Es war ein ergreifender Moment.
(Oktober 1988)

Die Nationalhymne für mich, als ich Olympiasieger wurde, das war schon ein packender Moment. Aber das reicht mir alle vier Jahre. Wenn ich das öfter hätte, verlöre sich vielleicht das schöne Gefühl. Viel mehr als das Fahnehissen und die Nationalhymne vermisse ich bei den Tennisturnieren das Zusammengehörigkeitsgefühl, wie es die Sportler auf der Olympiade haben. Im olympischen Dorf ging es so unverkrampft zu, und man konnte mit so vielen Leuten reden. Das ist für mich die schönste Erinnerung.
(September 1990)

Natur

Ich setze mich gern für die Aktion „Jugend schützt die Natur“ ein. Weil ich die Natur liebe. Vor allem Tiere. Etwas überspitzt gesagt: Ich kann ja nicht einmal sehen, wenn jemand Hasen- oder Rehbraten ißt. An mir kommt kein Hund vorbei, ohne gestreichelt zu werden. Komisch, sogar die bissigsten sind bei mir zahm. Wenn es nur auf dem Tennisplatz auch immer so wäre.
(Juni 1987)

Navratilova, Martina

Ihre professionelle Art finde ich toll. Aber ihre Diät-Macke, naja. Das ist nicht mein Fall. Sie ist eine erstaunliche Frau, aber aussehen wie sie möchte ich nicht.
(Februar 1987)

Ich respektiere sie. Und ich glaube, sie respektiert auch mich. Wir sind Nummer eins und zwei der Weltrangliste. Und sie fühlt ihre Position durch mich bedroht. Ich weiß, daß Martina eine absolut faire Sportlerin ist. Sie hat sehr, sehr viel für den Tennissport getan. Davor habe ich Hochachtung. Aber ich begreife nicht ... ich lehne vieles von dem ab, wie sie privat lebt.
(August 1987)

Nun ist sie nicht mehr die Nummer eins. Für Martina war es bestimmt schwierig, denn sie hat die Szene immerhin über Jahre hinweg beherrscht. Ich glaube, daß Martina nun mit allen Mitteln versuchen wird, wieder die Nummer eins zu werden.
(Oktober 1987)

Martina Navratilova ist für mich eine Persönlichkeit im Tennis wie nur ganz wenige. Sie hat mich immer sehr beeindruckt – eine absolut tolle Sportlerin.
(Oktober 1990)

Neid

Immer wird gefragt, worum ich etwa Monica Seles beneide. Also – um ihren Redefluß beneide ich sie nicht. Ihre beidhändige Rückhand dagegen könnte mir manch-

mal nützen. Wenn sie von sich sagt, sie wolle die Madonna des Tennissports werden, bitteschön. Ich weiß nicht mal, ob sie das wirklich so dezidiert gesagt hat. Wenn dem so sein sollte, dann würde daran der Unterschied zwischen uns beiden deutlich werden. Sie steht halt gerne im Rampenlicht, ich nicht. Mit dieser Situation kann ich gut leben, das macht es nur einfacher für mich.
(Januar 1992)

Nein

Ich muß lernen, nein zu sagen. Diese Frage kommt nun mal mehr auf mich zu, als dies früher der Fall war. Es kommt mehr auf mich zu, im Zusammenhang mit Autogrammen, Foto- und Interviewwünschen. Und alle Anfragen kann ich beim besten Willen nicht positiv beantworten.
(Oktober 1987)

Nervosität

Es ist zum Verrücktwerden. Keiner kann mich verstehen, niemand will mir glauben: Ich bin nicht nervös. Ich war noch nie vor einem Tennisspiel wirklich aufgeregt.
(Mai 1989)

Netz

Immer diese Diskussionen um Regeländerungen. Sie lenken vom Wesentlichen ab, von der weiteren sportlichen Entwicklung des Tennis. Am besten, man schafft eines Tages das Netz ab – damit läßt sich die Zahl der Doppelfehler mächtig reduzieren ...
(Oktober 1991)

New York

New York ist nicht Amerika, aber es ist allen klar, daß ganz Amerika New York sein möchte. Ich weiß nicht mehr, wer diesen Satz gesagt hat, aber er enthält sehr viel an Wahrheit. Beim näheren Besehen der Stadt am Hudson River gerate ich immer in ein Wechselbad der Gefühle. Sie ist aufregend und abstoßend, immens reich und so bettelarm, wunderschön und abgrundtief häßlich – eben unbegreiflich wie jede Faszination. Am Anfang schien mir die Stadt bald auf den Kopf zu fallen. Vor allem die ungewohnten Höhen der Gebäude sind es, die den Fremden zu schaffen machen. Ständig läuft man mit hochgerecktem Hals herum, kriegt bald die Genickstarre.
(Februar 1991)

Mit der Stadt New York ist es wahrscheinlich wie mit Knoblauch: Entweder man mag's oder nicht. Sympathie oder Abneigung bleiben dann bestehen. Bei mir überwog sofort Faszination. Und die begann mit dem Flug, ich kann mich an die ersten Empfindungen noch erinnern: Kontinente rückten zusammen. In einer Zeit, die Kolumbus allein zum Ablegen im Hafen von Palos brauchte, hat man heute bereits sein Ziel erreicht.

Nur rund acht Stunden geht es im Nonstopflug bis Amerika.
(Januar 1992)

Natürlich bleiben von einem Kurzbesuch in der Stadt erstmal nur Momentaufnahmen. Beispielsweise die gut 100 Meter lange Schlange zum Theaterkiosk am Times Square, wo es Karten für denselben Abend verbilligt gibt; der schwarze Bettler vor der Carnegie Hall, der mit seinem Hab und Gut im Einkaufswagen und trotz seines Flehens und der weit ausgestreckten Hand von den Theaterbesuchern im Smoking keinen Cent bekommt. Dann das Gedränge in der Wall Street, die ja so eine Art Code für Geld geworden ist. Oder Brooklyn Bridge, die sich lustlos über den Fluß hebt, hundertjährig schon, und unter ihren Ausläufern verrotten abgestellte Autos ohne Nummernschilder; Mülltonnen quellen über.
(Januar 1992)

Wenn ich in New York bin, fasziniert mich stets aufs Neue die Vielfalt der Völkerschaften. 120 Sprachen sollen in dieser Stadt gesprochen werden. Menschen aller Hautfarben, und mancherorts ist das Kauderwelsch wirklich nicht zu überhören. Man fühlt sich auf andere Kontinente versetzt.
(August 1992)

Ich habe mir einen Traum erfüllt - ich habe mir in New York, der Stadt, die ich am meisten liebe, eine Wohnung nur für mich allein eingerichtet.
(Dezember 1992)

Das ist weder ein Ort der Flucht noch eine Burg. Es ist die Stadt, die mich leben läßt.
(Januar 1993)

New Yorker

Ein harter Menschenschlag ist das in dieser Stadt New York. Er ist ständig damit beschäftigt, das Überleben zu lernen, er schult seine Kinder auf Betonspielplätzen, wo jede normale Bewegung schon ein Knie verletzt oder einen anderen Ellenbogen spürt. Du bist ein Nobody, wenn du in dieser Stadt nicht weißt, was läuft.
(März 1991)

Niederlagen

Wenn ich verliere, berührt mich das emotional mehr als ein Sieg. Obwohl es auch Ausnahmen gibt. Über den Wimbledonsieg letztes Jahr zum Beispiel war ich sehr glücklich. Der hat mir unglaublich geholfen, mich aus dem Tief gezogen. Dieser Sieg war so wichtig für das Selbstvertrauen. Das war ähnlich wie beim ersten Wimbledonsieg. Kaum auszumachen, welcher wichtiger war.
(Februar 1992)

Das schlimmste Spiel ist immer das jeweils letzte, in dem ich nicht die Leistung gebracht habe, die ich von mir erwarte. Also das Aus beim Masters gegen Lori McNeil.
(Januar 1993)

Nieselregen

Nieselregen mag ich jedenfalls lieber als die Hitze in Boca Raton in Florida, wo wir gerade mit der ganzen Familie ein paar Tage waren, in unserem Haus dort.
(Dezember 1992)

Noah, Yannick

Ich war schon immer ein Fan dieses Spielers. Ich mag seinen athletischen Körper. Er ist ein lockerer, lebenslustiger Typ. Persönlich kenne ich ihn aber nicht.
(Januar 1992)

Nudel

„Der Beginn einer kochenden Leidenschaft."
(April 1991)

Nummer eins

So groß ist nunmal mein Ehrgeiz: Ich will die Nummer eins werden.
(April 1987)

Daß ich die Nummer eins in der Weltrangliste bin, brachte nicht allzu viel neue Konsequenzen. Bis auf die Tatsache, daß ich nun auch in Amerika häufiger erkannt werde. Auch im Verhalten der Kolleginnen stelle ich wenig Veränderungen fest. Für mich hat sich keine Spielerin verändert, und das sieht auch in der Garderobe vor und nach den Spielen nicht anders aus.
(Oktober 1987)

Das ist für mich nicht entscheidend. Ich will nur zufrieden mit mir selbst sein.
(März 1992)

Es ist mir ziemlich wurscht, wer als die Nummer eins angesehen wird oder nicht. Es ist mir egal, was die anderen darüber denken.
(Oktober 1992)

Nummer 15

Martina Navratilova ist 34 und Jimmy Connors sogar 39. Beide haben Großes geleistet. Ich aber würde nie als Nummer 10 oder 15 der Welt abtreten. Ich bin jetzt seit neun Jahren Profi. Mit spätestens 29 ist Schluß.
(Oktober 1991)

Nummer zwei

Für mich ist es unerheblich, daß ich nun „bloß“ die Nummer zwei bin. Ich habe immer einen gewissen Standard, den ich in meinem Spiel sehe, ich habe gewisse Erwartungen. Natürlich wäre es einfach, zu denken: Jetzt bist du die Nummer zwei und hast deshalb nichts mehr zu verlieren – aber so denke ich leider nicht. Ich erwarte immer sehr viel von mir.
(Januar 1992)

Berlins Olympia-Botschafterin fährt auf Opel ab ...

Oberflächlichkeit

Natürlich, in Amerika ist vieles leichter als in Europa. Aber auch vieles oberflächlicher. Das Leichte in mir zu haben, täte mir gut. Doch ich will deswegen nicht blind sein für alles und nur noch diesen Party-Smalltalk reden können.
(März 1993)

Öffentlichkeit

An die Erwartungen der Öffentlichkeit denke ich überhaupt nicht! Ich gehe auf den Platz und spiele. Ich denke nicht daran, was andere von mir erwarten. Ich versuche, das Beste zu geben und habe selbstverständlich eigene Erwartungen. Die meisten glauben doch sowieso, jetzt gewinnt sie eh wieder leicht. Wenn ich darüber nachdenken würde, würde wohl überhaupt nichts klappen.
(August 1987)

Ich habe mich in die Öffentlichkeit gewagt. Aber nicht, um in ihr umzukommen. Ich weiß, daß ich in der Öffentlichkeit bestehen werde. Sonst hätte ich das Profi-Wagnis nie auf mich genommen. Ich habe gemeinsam mit meiner Familie vor allem eine Antwort auf diese Frage gesucht; das Geld war wirklich nicht entscheidend. Denn dann, wenn das Unglück hereinbricht, hilft auch kein Geld.
(Dezember 1987)

Olympia

Ich möchte unheimlich gern bei Olympia spielen. In Los Angeles habe ich den Demonstrationswettbewerb gewonnen und eine herrliche Atmosphäre erlebt. Es war das schönste Turnier, das ich gespielt habe. Das möchte ich wirklich noch einmal erleben.
(August 1987)

Das ist das Größte! Ich bin ganz heiß auf Olympia, ehrlich. Gar nicht mal wegen Tennis. Die Atmosphäre, die vielen großen Athleten aus allen Ländern – das gibt es so nur bei Olympia. Die Spiele sind für mich ein absolutes Muß.
(März 1992)

Oscar

Nichts geht mehr: kein Café-Bummel, keine lustige Radtour ohne Rummel um meine Person. Mir hat gefallen und ich habe sehr gelacht darüber, was kürzlich ein Journalist treffend über eine eigentlich ganz traurige Angelegenheit geschrieben hat: Als Tennisstar sei unsereins inzwischen so eine Berühmtheit, daß man selbst auf der belebtesten Straße mehr auffällt als eine Putzfrau auf der Bühne bei der Oscar-Verleihung.
(Juli 1991)

Paris

Ich habe im Tie-Break 5:0 und 6:2 geführt und ihn dann noch mit 6:8 verloren. Seit sieben Jahren bin ich nun im Tenniszirkus, aber sowas ist mir noch nie passiert. Noch zwei Minuten vor dem Verlust dieses ersten Satzes, beim Stand von 6:2 im Tie-Break, war ich ganz sicher, den noch fehlenden Punkt hole ich mir jetzt. Aber dann überfiel mich plötzlich eine so lähmende Unsicherheit, wie ich sie in einem Spiel noch nie erlebt habe.
(Juni 1990)

Paris-Finale 1992

Ich habe gegen Monica Seles verloren, also verlasse ich die Stadt mit einem beschissenen Gefühl. Immer wenn ich gegen Monica vorn lag, habe ich einfach nicht gut genug gespielt, die ersten Bälle viel zu leicht vergeben. Das enttäuscht mich am meisten. Ich habe großartig gekämpft. Aber das tröstet nicht. Im Moment ist es schwer, an so einer Niederlage etwas Gutes zu finden. Auf jeden Fall finde ich, daß dieses Spiel eigentlich keine Verliererin verdient hatte. Es war das engste und emotionalste Match, das ich je gespielt habe. Es wird für immer in meiner Erinnerung bleiben.
(Juni 1992)

Pausen

Daß mich Martina Navratilova angegriffen und behauptet hat, ich spielte nur dort, wo es um die Rangliste geht – das hat mich tief getroffen. Vor allem, weil es absolut un-

gerecht ist. Das Gegenteil ist doch richtig. Ich wollte und will immer auf den Turnieren starten, bei denen ich auf die Top-Spielerinnen treffe. In Ordnung, bei den Australian Open im Januar war ich nicht am Start. Aber darf ich denn mit siebzehn Jahren keine Pause machen? Schauen Sie, heute bin ich regelrecht geschafft, todmüde. Da ist es doch verständlich, daß ich Regenerationspausen einlege.
(März 1987)

Von Turnierpausen halte ich eigentlich nichts. Wenn man sechs Monate pausiert, verliert man den Anschluß zur Spitze. Da kann man gleich aufhören – siehe John McEnroe oder Mats Wilander.
(Januar 1992)

Perfektion

Soweit ist es noch lange nicht. Aber rundum glaube ich schon, wenn man sich die Spiele von Florida betrachtet, daß ich mich verbessert habe. Das beginnt schon bei meiner taktischen Einstellung. Heute gelingt es mir, daß ich mein Spiel je nach Bedarf variieren kann. Außerdem glaube ich, daß es sich gelohnt hat, von Zeit zu Zeit eine Turnierpause einzulegen, um einzelne Schläge zu trainieren, denn meine Rückhand und der Aufschlag sind sicherer geworden. Perfekt ist mein Spiel dennoch nicht, ich habe noch viele Schwächen.
(März 1987)

Drang nach Perfektion muß nicht automatisch mit Kälte verbunden sein. Es ist noch viel Herz dabei, wenn ich auf den Platz gehe.
(Januar 1990)

Ist das so schlimm, perfekt sein zu wollen? Ich möchte wirklich alles so gut wie möglich machen. Das ist auf dem Tennisplatz nicht anders als im wirklichen Leben. Es war schon in meiner Kindheit und auch in der Schule so. Ich bin nie zu etwas gezwungen worden. Ich war mit meinen Ambitionen immer ganz ich selbst.
(Juni 1990)

Ich mache halt drei Superbälle, verschlage dann mal einen und ärgere mich trotzdem. So bin ich.
(Januar 1991)

Perle

Jetzt war gerade mein 21. Geburtstag. Meine Familie kam aus Brühl hierher nach London; gratuliert hat mir auch Richard von Weizsäcker, und das mir liebste Geschenk war eine graue Perle, keine Perlenkette, sondern nur eine winzige Perle.
(Juni 1990)

Pferderennen

Ich mag sie. Aber der Rummel ist zu groß. Wir waren bei einem Rennen, aber als ich ankam, ging der Trubel los: Fernsehkameras, Fragen, viele Leute um mich herum. Da bin ich geflüchtet. Einmal habe ich übrigens beim Pferderennen gewonnen: knapp hundert Mark.
(Mai 1988)

Phönix

1992 haben mich zwei meiner männlichen Kollegen besonders beeindruckt. Zunächst André Agassi in Wimbledon. Und dann Boris Becker – das war schon beeindruckend, wie er wie der berühmte Phönix aus der Asche aus seiner Krise auferstanden ist.
(Januar 1993)

Piano

Noch in diesem Jahr möchte ich auf meinem schwarzen Piano zu lernen beginnen. Zuerst mal so ein bißchen klimpern. In der ernsteren Musik wäre ich auf Unterricht angewiesen. Aber hinhören tue ich bereits.
(Juni 1990)

Picasso, Pablo

Für Picasso bin ich komischerweise nicht so.
(Juni 1990)

Pizza

Auf dieser Welt kann fast jeder ungestört und ungefragt Pizza oder Pasta essen, so viel er will – aber nicht so eine wie ich. Werde ich mit einem Mann gesehen, wie kürzlich mit einem US-amerikanischen Fotografen in einem italienischen Restaurant – sofort werde ich belästigt. Es sind dies die Schattenseiten meines Lebens als Tennisprofi, denen ich noch immer ziemlich ratlos gegenüberstehe. Daß Leute sogar im Garten meines Hauses übernachten, die ganze Nacht an der Haustür klopfen, daß Zeitungen

ständig meine Adressen veröffentlichen – darüber kann ich nur immer wieder den Kopf schütteln. Was ist das nur für ein Geschäft!? Die sportlichen Hürden sind hoch. Der Preis, den man für den Erfolg zu zahlen hat, ist weitaus höher.
(Juni 1991)

Plage

Ich ertappe mich häufig bei dem Gedanken: „Ich bin froh, wenn alles vorbei ist." Und doch mache ich weiter. Warum, zum Himmel, schmeiße ich nicht einfach alles hin und sage: Schluß, vorbei, ich pfeife auf Tennis und mehr Geld; ich mach' mir jetzt ein angenehmes Leben. Weil ich letztlich einem inneren Zwang folge und die angenehmen Seiten des Sports noch überwiegen. Und weil das so ist, vertreibe ich trübe Gedanken schnell wieder. Mir ist es egal, wieviel Schweiß und Plage, wieviel Zeit, Energie und Schmerz ich aufbringen muß. Froh bin ich freilich, daß ich Zweifel habe. Ich setze mich mit ihnen auseinander. Das ist entscheidend. Ich verdränge nichts.
(Januar 1991)

Polizeisirene

Bevor man nicht die von New York gehört hat, hat man in seinem Leben noch keine Polizeisirene gehört. Die reißt einen nachts aus dem Schlaf, als wenn die ganze Welt in Flammen stehen würde. Die Polizeisirenen sind ein Sinnbild für dieses aufgekratzte, verrückte Universum New York.
(März 1991)

Popularität

Es ist doch wunderbar, wenn einer von vielen Menschen gemocht wird.
(August 1987)

Manchmal fahren bei uns zu Hause in Brühl in einer Stunde hundert Autos vorbei, um zu sehen, wo ich wohne. Sonntagmorgens, schon ab sechs, sieben Uhr. Aber ich brauche doch private Zeit und Zeit zum Training – um die Leistung bringen zu können, die mich so populär gemacht hat. Das wird manchmal schwer.
(August 1987)

Eine Belastung ist Popularität für mich nicht. Ist doch toll, daß deutsche Tennisspieler etwa in den USA und natürlich auch zu Hause so populär sind.
(Oktober 1987)

Posen

Ich möchte nicht, daß ich zu Posen und Mätzchen überredet werde, in denen ich mich später nicht wiedererkenne.
(März 1993)

Preisgelder

Tennis ist „in". Die Leute kommen in die Stadien, und insofern finde ich es korrekt, daß es heute etwa zehnmal soviel Preisgeld gibt als etwa vor zehn Jahren.
(März 1990)

Prince

Wenn der ein Konzert gibt, und ich bin in der Nähe – da muß ich hin. Während ich in Wimbledon spiele, gibt er übrigens ein Konzert in London. Ich werde dort sein – selbst wenn ich eines meiner Spiele verpasse. Nur dürfen das mein Vater und mein Trainer Pavel Slozil nicht wissen. Das bleibt natürlich ganz unter uns.
(Juni 1990)

Habe ich wirklich „Genie“ gesagt? Na gut, rein musikalisch ist Prince ja auch eins. Trotzdem war ich von dem Londoner Konzert enttäuscht. Mir hat die Show zwar sehr gut gefallen. Aber ich habe seine älteren Songs vermißt.
(Juli 1990)

Privatleben

Mein Privatleben ist mir heilig, auch wenn das manchem nicht paßt.
(Juni 1992)

Privatlehrer

Der geht nicht etwa mit auf Reisen, sondern tritt nur in Aktion, wenn ich zu Hause bin. Lernen tu' ich bei ihm alles Allgemeine, Deutsch, Mathe.
(April 1986)

Profi

Ich will Tennisprofi werden, weil mir das Tennisspielen Spaß und Freude macht. Und weil ich weiß, daß ich es packen kann.
(Oktober 1982)

Psychokrieg

Also so eine Art psychologische Kriegsführung unter den Spielerinnen kann ich nicht feststellen, so wie es etwa im Schach zum Alltag rund um die eigentlichen Spiele gehört. Zumindest in den Hotels ist es eigentlich immer ruhig. Aber es kann dir freilich passieren, daß du vor einem wichtigen Match gegen die Gegnerin A ein für dich unangenehmes Interview der Gegnerin B liest. Und Gegnerin B ist zufällig die beste Freundin von Gegnerin A ...
(August 1990)

Psychologie

Ich halte nicht so viel von Psychologie. Mir persönlich hilft sie gar nicht. Sie vergrößert nur meine Schrecken. Und die will ich weder sehen noch will ich über sie sprechen.
(März 1993)

Qualität

Mir macht es schon beträchtlich Sorgen, wonach hauptsächlich Lebensqualität bemessen wird. Ich muß auch darüber nachdenken, daß alle Art von Entertainment auch noch Beihilfe liefert zur Verschiebung der Maßstäbe. Ich kann mich also nicht ausschließen. Ich sehe: Es zählen nur noch Macht, Reichtum und Schönheit. Die Presse orientiert sich nur noch an diesen Dingen; Superlative sind das einzig Wichtige. Man spricht von Geld und Börse – von Liebe und Vertrauen spricht man nicht. Man spricht vom Krieg am Golf, aber nicht davon, daß täglich Tausende anonym an Hunger und Krankheit sterben.
(November 1991)

Quantum

Das Reisen ist nicht immer nur Lust, es ist mitunter auch eine ganz schöne Last. Von den Sehenswürdigkeiten schöner und interessanter Städte rund um den Globus kriegen die Topspieler eh nur wenig mit. Zu knapp sind die Terminpläne, zu sehr sind sie auf Tennis programmiert. Der Tagesablauf besteht aus einem ganz gehörigen Quantum an Verpflichtungen. Er reduziert das Leben auf nur wenige Tätigkeiten. Dennoch wäre Klagen ungerecht. Denn erstens macht man alles freiwillig, und zweitens bietet dieses Leben auch ziemlichen Spaß.
(September 1990)

Fair geht vor – Stefanie Graf und Arantxa Sanchez-Vicario demonstrieren eine Lebenshaltung

Rätsel

Aus meinem Ehrgeiz holt mich niemand raus. Oder sagen wir es mal so: Es gibt niemanden, von dem ich mich rausholen lasse. Jeder hilft, jeder versucht es, aber da geht nichts. Auch nicht mit Mama und Papa. Das ist mein Problem. Entweder ich hole mich aus allem selber raus, oder nichts und niemand holt mich raus. Schwer zu verstehen, das alles, ich weiß. Manchmal bin ich mir selbst ein Rätsel.
(Januar 1992)

Rassismus

Das ist ein heikles Thema. Ich finde Feindlichkeit gegen Ausländer unverständlich. Ich weiß nicht, was die Hintergründe sind. Gewisse Dinge kann ich verstehen, aber nicht diese Gewalt. Es sind doch genauso Menschen wie wir, wir müssen sie respektieren.
(Oktober 1991)

Realität

Man wächst so schnell in eine Umwelt hinein, in der Geld keine Rolle mehr spielt, weil genügend vorhanden ist. Mir ist deshalb wichtig, daß ich mich selbst kontrolliere und nicht das Gefühl für die Realität der anderen, der Millionen ärmerer Menschen, verliere.
(März 1990)

Religion

Ich würde schon sagen, daß ich religiös bin, ja. Katholisch.
(Oktober 1988)

Respekt

Respekt habe ich vor jedem Menschen.
(Juni 1990)

Revolution

Revolutionäres im Tennis? Nein, absolut nicht. In meinem Alter geht das nicht mehr. Das mag komisch klingen, aber ich bin jetzt immerhin zehn Jahre dabei. Ich werde mein Spiel immer von der Grundlinie spielen.
(Januar 1992)

Ring

Alle wundern sich über den goldenen Ring, den ich jetzt trage. Den hab' ich mir in Brighton gekauft, und er bedeutet mir sehr viel. Vielleicht zeigt er, daß die Ehe zwischen mir und meinem Ich gut funktioniert. Ich werde unabhängiger. Ich habe lange über mich nachgedacht. Ich spiele Tennis für mich selbst und gegen mich selbst.
(November 1990)

Risiko

Meine Risikofreude ist dadurch geweckt worden, daß ich nie das Gefühl anerzogen bekam, unbedingt gewinnen zu müssen. Nie bekam ich zu Hause Vorwürfe, wenn ich ein Match verlor. Deshalb also riskierte ich immer sehr viel. Junge Menschen im Sport müssen vor allem in einem gestärkt werden: in ihrem Mut, auch mal zu scheitern. Das schafft die Unbekümmertheit und jene innere Freiheit, um eines Tages ganz groß siegen zu können. Mein Vater zum Beispiel hat mich nie in Situationen getrieben, denen ich nicht gewachsen war. Deshalb kann ich das Tennis spielen, mit dem ich die Nummer eins geworden bin.
(Mai 1989)

Rocky Mountains

Die möchte ich gern sehen! Immer nur Tennisplätze! Immer dieselben Städte! Wozu ich nicht komme: die Rocky Mountains zu erleben oder die Niagarafälle.
(Mai 1990)

Rose

Alles wird gehässiger, aggressiver, intriganter. Und um Erfolg zu haben, greifen Spielerinnen zu immer ausgefalleneren Mätzchen. So hat die Monica Seles der Zina Garrison vor dem Match eine Rose überreicht. Das hat die nur gemacht, um Zina zu verunsichern, da könnte ich wetten. Ich glaube, die Zina hätte Monica am liebsten erwürgt.
(Mai 1991)

Rummel

Mir ist so vieles zuviel! Aber letztendlich ist meine Liebe zum Sport so groß, daß ich das ganze Drumherum in Kauf nehme. Dieser Rummel um mich ist nun wirklich nicht mein Leben.
(Januar 1992)

Solange die Saison läuft und meine Kontrahentinnen spielen, kann ich kaum abschalten. Ich hatte aber auch schon mittendrin im Rummel das Bedürfnis, einfach mal alles hinter mir zu lassen, und ich habe das dann ja auch auf meine Art und Weise getan.
(März 1992)

Rußland

Früher sehnte ich mich mehr nach den Malediven – blaues Meer, weiße Strände. Mein Traum war eine eigene kleine Insel. Heute würde ich gern mal nach Rußland fahren. Es soll ein sehr wildes Land sein, mit toller Landschaft und interessanten Menschen. Die Taiga muß wunderschön sein.
(Juni 1986)

Sabatini, Gabriela

Also wenn ich mir vorstelle, daß ich sie anrufe und sage: Hör zu, Gabriela, wir treffen uns in einer Stunde, und dann gehen wir bummeln, quer durch die Stadt! Ich glaube, die würde den Hörer auflegen und ihren Kopf schütteln, und das für eine beträchtliche Weile. Nein, sowas geht nicht. Wir haben zwar jahrelang zusammen Doppel gespielt, haben zusammen Wimbledon gewonnen, aber wir haben nie groß miteinander gesprochen, uns nur einigermaßen gut verstanden. Es hat sich alles irgendwie verloren. Das sind Dinge, die sprechen nicht gerade für das, was sich unter den Tennis-Profis so abspielt. Traurig.
(Mai 1991)

San Antonio 1991

In San Antonio habe ich gegen Monica Seles gesiegt, aber um ehrlich zu sein: Schon in Key Biscayne spürte ich, daß ich zu meinem alten Spiel zurückfand. Umlaufen der Rückhand, keine unnötigen Ausflüge ans Netz oder sonstige Experimente. Gegen Sabatini im Halbfinale hatte ich zwar bei 6:0, 4:3-Führung wieder einen Rückfall, spielte völlig verrückt, aber insgesamt spürte ich, daß ich wieder anfing, in normalen Bahnen zu denken und zu spielen. Mein hartes Training in Florida hat dann auch mit dem ersten Turniersieg des Jahres in San Antonio das gewünschte Ergebnis gebracht.
(Dezember 1991)

Sand

Auf Sand läßt sich Tennis am ehesten mit Schach vergleichen. Weil auf Sand das langsamste Tennis gespielt wird und man am meisten Zeit zum Nachdenken hat. Auf Sand kann man das variabelste Tennis spielen, spielerische Strategien entwickeln. Aber dafür ist auf solchen Plätzen der körperliche Verschleiß am größten. Das macht auch den Kopf müde. Und ein müder Kopf spielt schlechtes Tennis.
(Juli 1990)

Schach

Kann ich nicht. Ich habe es noch nie probiert. Mir fehlt wahrscheinlich die Geduld, die Muße.
(November 1989)

Schatten

Warum soll mein Vater ein Schatten sein? In Hamburg blieb ich einen Tag länger, sah mir die Stadt an, bummelte am Abend mit Freunden durch Cafés, während des Turniers war mein Vater vier Tage zu Hause in Brühl. Und bei Turnieren in den USA bestreite ich die Vorbereitungen allein mit dem Trainer. Da reist mein Vater meist erst an, wenn das Turnier beginnt. Glauben Sie mir, ich bin durchaus selbständig. Niemand muß sich Sorgen machen.
(November 1987)

Schaukämpfe

Ich will immer gewinnen und bemühe mich, bis zum letzten Ball mein Bestes zu geben. Selbst bei sogenannten Schaukämpfen.
(März 1987)

Bei Schaukämpfen bin ich nicht der Typ, der auch mal freiwillig einen Satz abgibt, um das Match zu verlängern. Aber als ich vor kurzem gegen Hana Mandlikova bei einem Schaukampf in Holland antreten mußte, habe ich wirklich alles getroffen. Das war mir wirklich peinlich. Ich hätte an diesem Tag 6:0, 6:0 gewinnen können. Also versuchte ich, das Match für die Zuschauer ein bißchen hinauszuzögern, aber es gelang mir einfach alles.
(April 1987)

Schauspielerei

Im Leben ist im Grunde genommen so vieles Schauspielerei. Ich finde es erschreckend, was sich die Menschen alles vormachen.
(November 1990)

Scheck

Ich denke oft nach, wir ich mich sozial engagieren kann. Von meinem ganzen Typ her habe ich solche Gedanken in mir. Ich könnte sonst niemals auf dem Tennisplatz stehen und nach einem Finale guten Gewissens diesen Scheck entgegennehmen. Natürlich ist das nur ein Tropfen auf den heißen Stein, aber ich versuche, mit Geld zu

helfen; und ich möchte, wenn ich mal mehr Zeit habe, auch gern anders helfen, mich engagieren, ja.
(Juni 1990)

Schiedsrichter

Gegen die kannst du nichts machen, außer: fehlerfrei spielen.
(April 1986)

Schläger

Eine emotionale Beziehung zu den Tennis-Requisiten habe ich überhaupt nicht. Den Schläger, mit dem ich zum ersten Mal Wimbledon gewonnen habe, den habe ich sogar ins Publikum geworfen. Zwei Engländer haben ihn aufgefangen und sich später mit einem Brief bedankt.
(August 1990)

Soeben sind zu Hause neue Schläger angekommen. Ich habe das Gefühl, daß ich mit meinem Modell noch einiges machen kann, immerhin spiele ich schon Jahre damit. Aber sie sind nicht auf dem neuesten Stand. Ich habe jetzt verschiedene Varianten des gleichen Produktes ausprobiert. Ein Schläger verwächst richtig mit einem; das ist ein ganz schön komisches Gefühl, wenn man sich dann von so einem doch toten Gegenstand verabschiedet.
(Oktober 1991)

Mit den neuen Schlägern komme ich nicht zurecht, die sind mir zu schnell. Dabei nehme ich noch nicht einmal

einen Wideboy. Am Anfang geht es ganz gut, aber plötzlich landen die Bälle alle einen Meter hinter der Linie.
(Mai 1992)

Schlaf

Der Schlaf ist mir vor allem bei Niederlagen eine große Hilfe. Wenn ich verloren habe, schlafe ich relativ schnell, bin dann immer sehr, sehr früh im Bett und schlafe den Tag weg.
(Oktober 1990)

Es kann schon mal vorkommen, daß ich ein, zwei Tage völlig wegsinke. Nach Key Biscayne habe ich zwei Tage regelrecht verschlafen, habe also nur im Bett gelegen, das Zimmer nicht verlassen. Danach habe ich mich wieder wie ein Mensch gefühlt. Ich hatte in der Zeit davor soviel gespielt, daß ich wirklich ein paar Tage aussetzen mußte, aussetzen mit allem, was Wachheit voraussetzt.
(Juni 1992)

Schmerz

Wenn ich vor dem Fernseher sitze und mitbekomme, was so alles in der Welt passiert, daß Kinder zu Tausenden verhungern, nur weil sie das Unglück haben, nicht auf der Sonnenseite geboren zu sein, dann frage ich mich schon, womit ich mein angenehmes Leben eigentlich verdient habe ... Wenn du mit offenen Augen durch die Welt läufst und von deiner Natur her so einen Schmerz für Ungerechtigkeiten empfindest, dann kannst du gar

nicht anders, als ein schlechtes Gewissen zu haben. Man will mir immer einreden, ich nähme manches so schwer, weil ich eine Deutsche bin. Doch das glaube ich nicht.
(März 1993)

Schmidt, Helmut

Wenn ich auf einer einsamen Insel wäre und nur ein einziger Besucher kommen dürfte? Ojemine ... Helmut Schmidt müßte kommen. Der muß mich irgendwann einmal völlig ergriffen haben. Denn ich würde mir einen Gast wünschen, mit dem ich mich interessant unterhalten könnte. Ich riskiere nämlich auch langsam eine größere Lippe.
(Juli 1990)

Schrei

Ich habe nach diesem Wimbledon-Sieg in den Katakomben des Centre Court so laut meine Freude hinausgeschrien, daß sich alle verwundert nach mir umgedreht haben. Aber mir war alles egal. Ich hatte eine dunkle Zeit hinter mir, jetzt war der Durchbruch da. Wir haben dann in Brühl gefeiert, danach bin ich wieder zurück nach London. Ich bin auch deswegen kurz nach Deutschland geflogen, weil mein Bruder Michael auf dem Nürburgring ein Autorennen fuhr. Da wollte ich kurz zuschauen. Er ist übrigens 14. geworden.
(Juli 1991)

Schule

Ich glaube manchmal eine gewisse Häme herauszuhören: Die hat die Schule verlassen, naja. Aber ich habe doch ein viel härteres Leben gegen das Schülerdasein eingetauscht. Ich habe nie verstanden, wenn gesagt wurde: Sei froh, daß du noch in der Schule bist; das ist das Schönste, was du haben kannst. Jetzt erst verstehe ich das. Das ist ein sehr hartes Leben, heute. Jeden Morgen aufstehen, Tennis spielen. Manchmal werde ich gefragt, ob ich nicht zu früh in den Beruf gegangen bin. Ich wollte das! Ich wollte Tennis spielen, ich wollte auf den Turnieren spielen. Es war nie so, daß ich gesagt habe, wie schön wär's in der Schule. Nur eben, es ist ein sehr viel härteres Leben. Aber es ist mein Beruf. Wenn ich jetzt nicht arbeite, verdiene ich auch nichts. Und außerdem: Wenn man Spaß daran hat, warum soll man nicht ein Match spielen?
(April 1986)

Ich habe die Schule abgebrochen und alles auf die Tennis-Karte gesetzt. Aber wenn es nicht gelaufen wäre, hätte ich in die Schule zurückgekonnt. Nächstes Jahr werde ich versuchen, die Schule noch abzuschließen.
(April 1987)

Es stimmt: Die Spitzensportlerinnen werden immer jünger. Monica Seles, die Nummer eins, ist 17; die Nummer sechs, Jennifer Capriati, erst 15. Da taucht die Frage auf, ob nicht Kindheit gänzlich verloren geht. Ja, das ist ein Teil der Wahrheit. Speziell aber die Schulzeit, die ja aufs Leben vorbereitet. Capriati läßt sich ihre Hausaufgaben zum Turnierort faxen – ist das nicht verrückt! Und die Seles führt sich oft auf, als wäre sie schon dreißig.

Ich habe mit dreizehn mein erstes internationales Turnier gespielt, bis dahin bin ich gern zur Schule gegangen. Heute bereue ich, daß ich wegen meiner Tenniskarriere früh abgegangen bin. Außerdem: Die Karrieren werden in unserer schnellebigen Zeit immer kürzer.
(Oktober 1991)

Schwarz

Das Dezente am Schwarzen regt mich an. Deshalb habe ich mich immer gewundert, daß ausgerechnet Schwarz mit Depressionen in Verbindung gebracht wird.
(Januar 1991)

Schwarz zieht mich unglaublich an. Es hat von jeher für mich etwas Magisches. Es ist edel, elegant.
(Mai 1991)

Seelen-Strip

Da ist nichts, was ich dem Trainer gegenüber entblößen muß. Da ist gar nichts. Ich merke nur, daß ich schlecht spiele, mach' mich selbst madig und zieh' mich dadurch immer mehr herunter. Das ist allerdings schlecht. Immer diese hundert Prozent im Kopf! Das blockiert schnell. Dabei sind doch 80 Prozent Leistung auch nicht übel.
(Juli 1989)

Sehnsucht

Es ist nicht leicht. Mal bin ich hier, mal bin ich dort, dann habe ich laufend Verpflichtungen, bin müde, will einfach meine Ruhe haben. Aber natürlich ist die Sehnsucht nach einem festen Freund da. Wenn ich mich schlecht fühle, dann denke ich: Das wäre schon ganz toll, wenn da jemand ist.
(Dezember 1992)

Selbstbeherrschung

Die stimmt bei mir, zumindest während des Spiels. Ich hab' das alles im Hirn.
(Oktober 1988)

Selbstbewußtsein

Ich bin die Nummer eins. Also fehlt es mir auch nicht an Selbstbewußtsein.
(Mai 1988)

Selbstkontrolle

Von Ivan Lendl weiß man ja, daß er zum Beispiel auf dem Platz Selbstgespräche führt, um sich in der Kontrolle zu behalten oder diese zurückzugewinnen. Ich kann mit komplizierter Psyche nicht aufwarten. Wenn ich nervös bin, denke ich daran, was ich im Training geübt habe und versuche, das dann umzusetzen. Das hilft meistens.
(Juni 1987)

Selbstvertrauen

Wenn ich in der Vergangenheit nicht so viel experimentiert und meinen ‚alten Stiefel' runtergespielt hätte, wäre ich heute sicherlich in einer besseren Position. Andererseits muß ich zugeben, daß ich zu einem Zeitpunkt versuchte, mein Tennisspiel umzustellen, als ich kein Selbstvertrauen hatte. Das war in einer Phase, in der es auch außerhalb des Platzes nicht gut lief. Ich mußte mich auf meine Stärken besinnen. Ruhe und Geduld, eine Vorhand – da lief es auch wieder besser. Ich hätte das schon früher tun sollen, als es galt, das Selbstvertrauen wieder aufzubauen.
(Januar 1992)

Seles, Monica

Ich denke überhaupt nicht daran, wie viele Punkte Monica noch von mir entfernt ist, und ob sie mich irgendwann überholt.

(Januar 1991)
Er war unfair, daß sie als Nummer eins in Las Palmas bei einem hochdotierten Schaukampf mitmachte, während eigentlich Pflichtturniere anstanden. Geld scheint ihr ja viel zu bedeuten, aber es gibt doch auch sonst jede Menge zu verdienen. Ich weiß einfach nicht, worin der Reiz eines Schaukampfes besteht. Okay, wenn man einen neuen Schläger ausprobieren will oder den Sport in Ländern wie China, wo sonst kaum Topspieler antreten, vorstellen kann, dann höchstens sind solche Exhibitions zu vertreten.
(Januar 1992)

Sie ist und bleibt zu Recht die beste Tennisspielerin der Welt. Sie ist einfach konstanter als ich. Man muß sich ein ganzes Jahr anschauen, nicht nur ein paar Matches.
(Oktober 1992)

Sexsymbol

Es spricht nicht gerade für diesen ganzen Zirkus, daß immer mehr Journalisten danach gucken, ob eine Tennisspielerin zum Sexsymbol taugt oder nicht. Irgendwann spielt der Sport selbst gar keine Rolle mehr. Dann werde ich schon ausgestiegen sein.
(Januar 1991)

Shopping bag people

Mir tut richtig das Herz weh, wenn ich diese Bilder in New York sehe: die Menschen, die auf der Straße, auf Parkbänken und in Pappkartons, in U-Bahnstationen, Hauseingängen, ausgebrannten Ruinen und über wärmenden Lüftungsschächten leben. Man kann ja um die Elendsquartiere der Bronx und Brooklyns einen Bogen machen, aber das Elend der shopping bag people, der Plastiktütenmenschen, ist überall sichtbar und unsichtbar zugleich.
(März 1991)

Shriver, Pam

Am Anfang habe ich alle Spielerinnen im Tenniszirkus toll gefunden. Die Navratilova, die Evert, die Shriver –

eben alle. Aber jetzt, wenn man die näher kennt, dann siehst du manches anders. Zum Beispiel die Pam Shriver. Die kann gemein sein. Letztes Jahr in Wimbledon rief mein Vater was aufs Feld. Schreit die doch zurück: „Halt die Schnauze!“ Und wenn einer gegen sie ein leichtes Ding verschlägt, winkt sie dem Ball nach – richtig höhnisch. Ich glaube, die Männer sind da weniger arrogant. Insgesamt bestimmen eben Neid und Mißgunst die Szene. Freundschaften bleiben an der Oberfläche; es sind höchstens Bekanntschaften.
(Juli 1986)

Sieg

Die Spitze im Welt-Tennis ist so dicht, daß Selbstbetrug nicht mehr möglich ist. Und das gilt auch für mich: Nur wenn ich wirklich gut bin, gewinne ich auch.
(April 1992)

Silvester

Ich bin wirklich nicht abergläubisch, aber die letzten drei Jahre, die wirklich sehr gut, sehr erfolgreich waren, habe ich immer ins Neue Jahr reingeschlafen. Jedes Mal war ich stocksauer. Es gab immer einen Grund, so sauer zu sein, daß ich an einem bestimmten Punkt gesagt habe, ich gehe ins Bett. Letztes Jahr zum Beispiel war es in Australien. Nach einem Einladungsturnier war eine Silvesterfeier vorgesehen, mit allen Spielern und allen Sponsoren. An die tausend Leute waren da. Als dann noch Cliff Richard neben mir sitzt und noch so ein Verehrer – „A Chorus Line“ wurde vorgeführt, was ich

auch schon oft gesehen hatte – und als Cliff Richard auch noch anfängt zu singen, den ich ohnehin schon dreimal im Konzert gesehen und gehört hatte – da war ich irgendwie so bedient, daß ich gegangen bin.
(Oktober 1988)

Sinn des Lebens

Es gibt ein Leben neben dem Tennis, klar. Hobbys und Freunde, die mir wichtig sind. Aber – ich war selbst überrascht, mir das eingestehen zu müssen – sie sind noch nicht die Hauptsache in meinem Kopf.
(Dezember 1991)

Immer nur Tennis macht einen wahnsinnig. Es tut gut, wenn man sich nicht nur auf den Sport konzentriert. Der Sinn des Lebens kann doch nur darin bestehen: Wenige Dinge sind in dieser Welt wirklich nützlich und wirklich notwendig, aber viele Dinge sind möglich. Ich möchte mich nicht festlegen, am allerwenigsten auf Tennis.
(April 1992)

Skat

Ich bin eine Spielerin. Ich spiele nicht nur Tennis leidenschaftlich gerne, sondern auch Skat oder Backgammon. Und ich will immer gewinnen, gleichgültig, ob ich nur für mich spiele oder für eine Mannschaft. Die kann ja auch nur erfolgreich sein, wenn ich gewinne. Vielleicht ist die Verantwortung dann für mich größer, aber ich spüre sie nicht so sehr. Ich nehme das eigentlich ganz locker.
(August 1987)

Slozil, Pavel

Um es mal deutlich zu sagen, rein schlagtechnisch hat sich nicht allzuviel verändert dadurch, daß mich ein früherer Doppel-Weltmeister trainiert. Da spreche ich mich immer mit meinem Vater ab, der mich und meine Schwächen am besten kennt. Aber natürlich ist Slozil beim Training von Match-Situationen sehr wichtig. So üben wir regelmäßig das Serv-und-Volley-Spiel. Oder aber ich versuche zum Beispiel, direkt mit meinem Return ans Netz zu gehen.
(März 1987)

Daß einige sagen, ich sei die schnellste unter den Tennisspielerinnen – es hat mit meinem Trainer Pavel Slozil zu tun. Mein Tennis mit ihm ist wesentlich besser als dann, wenn ich mit den Mädchen spiele. Im Training mit Pavel ist einfach mehr Druck für mich da als während der Damenturniere.
(Juli 1990)

Ja, ich habe mich von meinem Trainer getrennt. Wir haben die Trennung schon vor Wochen beschlossen. Auf meine Vorbereitung für das Turnier in New York hatte das keinen Einfluß mehr. Auch im Sport muß ab und zu eine Abwechslung organisiert werden. Man schläft leicht ein vor Gewohnheit ...
(November 1991)

Fünf Jahre zusammen gearbeitet – es war an der Zeit, sich zu trennen. Wenn man 35 Wochen pro Jahr zusammen lebt und trainiert, dann nutzt sich das ab. Ich glaube, das fühlten wir beide. Was ich noch einmal

brauche, sind neue Ideen und eine neue Motivation.
(Dezember 1991)

Sonne

Ich mag die Sonne, ja. Aber ich mag sie besonders dann, wenn sie untergeht. Der Sonnenuntergang ist die schönste Zeit des Tages.
(Mai 1990)

Sparsamkeit

Ich bin ein sparsamer Mensch, bin es immer gewesen, man hat mich so erzogen. Als ich mir neulich in Paris drei CDs besorgen will, denke ich, ich sehe nicht recht: Ich soll umgerechnet 60 Mark für eine bezahlen. Das habe ich mir dann wirklich überlegt, denn in Deutschland bekomme ich dieselbe Platte für nur 24 Mark. Ich finde, dieses Realitätsbewußtsein muß sein. Aber ich bin auch ein Mensch, der sich gern verführen läßt, und so habe ich mir die teuren Platten schließlich doch gekauft.
(Juni 1990)

Spaß

Ich habe wahnsinnig Spaß an diesem Beruf. Schon die Tatsache, daß ich nach der letzten Woche in Leipzig jetzt hier in Zürich spiele, zeigt doch, wieviel Antrieb da ist. Noch ein paar Tage vor Leipzig war es wirklich äußerst fraglich, ob ich wegen meiner Probleme mit dem Handgelenk in nächster Zeit überhaupt wieder würde Tennis

spielen können. Ich habe alles unternommen, um so schnell wie möglich wieder auf den Platz zurückzukehren. Trotz Schmerzen wollte ich unbedingt in Leipzig und Zürich spielen.
(Oktober 1991)

Spielzeug

Wenn Du zehn Millionen Dollar hast, kaufst du dir ein Haus und fünf Autos. Wenn du hundert Millionen besitzt, kaufst du eine Villa für zehn Millionen und zehn Autos. Das Spielzeug wird halt größer. Nein, mein Ansinnen ist das nicht.
(Dezember 1991)

Sportjournalisten

Viele verstehen wirklich was vom Tennis und bleiben fair, auch wenn sie kritisch berichten. Aber bei einigen wundert mich, daß sie bei einer Niederlage sofort von der neuen „Ära" sprechen. Du brauchst nur ein Spiel zu verlieren, nur eines nach 30 gewonnenen, schon schreiben die von einer neuen Ära. Und wenn du nie verlierst, sind sie auch nicht zufrieden. Dann heißt es, das ist ja langweilig, die spielt ja wie eine Maschine.
(Juli 1990)

Städteturniere

Ich liebe einige Turniere, nicht viele allerdings. Mit Leipzig, Zürich und Brighton sind es bloß drei. Und da spiele ich meistens gut, weil ich mich wohl fühle.
(Oktober 1991)

Stars

In den Vereinigten Staaten hat der Star einen ganz anderen Stellenwert. Das hängt auch damit zusammen, daß die viel mehr Stars haben da drüben. Man ist also nicht so verklemmt, man hängt sich nicht an einzelne Leute, man hat eine reichere Auswahl und ist also toleranter in dem, was die sogenannten Stars tun oder lassen, vor allem in der Privatsphäre.
(Oktober 1987)

Sterben

Ich denke noch nicht an das Sterben. Dazu fühle ich mich noch zu jung. Allerdings durchzuckt es mich mitunter: Das Leben ist sehr kurz, und der Mensch hat eigentlich nicht unendlich viele Möglichkeiten, mit diesem Leben etwas zu beginnen, seinen ureigenen Weg zu finden. Die Kunst besteht wahrscheinlich darin, sich für eine Möglichkeit zu entscheiden, für sich das richtige Lebensmodell herauszusuchen, bei dem man glücklich wird und mit sich selbst zufrieden bleibt. Da kann ich natürlich nicht sagen, dieser Weg sei für mich das Tennis-Spiel. Danach kommt ja noch einiges; für Zukunft möchte ich mich also offenhalten.
(April 1992)

Stimmung

Im Moment lebe ich in so einer ganz bestimmten Mischung zwischen Melancholie und dann wieder vorsichtiger Fröhlichkeit.
(August 1990)

Stöhnen

Das Stöhnen von Monica Seles höre ich nicht. Ich konzentriere mich auf mein Spiel.
(Mai 1991)

Strafen

Es gibt Spielerinnen, die in gesperrten Wochen die offiziellen Turniere in Stich lassen und statt dessen hochdotierte Schaukämpfe austragen, wie etwa im letzten Oktober auf den Kanarischen Inseln. Ich glaube, alle sehen ein, daß an die Strafen von beispielsweise 20 000 Dollar dringend eine weitere Null angehängt werden muß. In Brighton beispielsweise war ich die einzige Top-Ten-Spielerin. Während vier andere Spitzenspielerinnen in Las Palmas bei einem Schaukampf ein Vielfaches verdienten. Das ist nicht korrekt.
(Januar 1992)

Streß

Der Streß ist groß, vor allem, wenn man auch noch im Doppel spielt. Ein Trainer hat dazwischen kaum noch Zeit, bestimmte Schläge zu verbessern oder was Neues einzustudieren. Aber diesen Trend wird man nicht stoppen können. Denn es ist zuviel Geld im Spiel, die Turnierdirektoren, die Sponsoren diktieren die Spielregeln.
(Oktober 1991)

In den zehn Jahren, in denen ich mittlerweile dabei bin, hat sich vieles geändert. Talent scheint nicht mehr das wichtigste zu sein. Daß es zum Geschäft geworden ist, ja, das ist völlig korrekt. Es gibt Spieler und Spielerinnen, die den Sport nicht so ernst nehmen, wie das meines Erachtens erforderlich wäre. Aber das muß jeder für sich allein entscheiden. Auf jeden Fall ist für alle der Streß größer geworden durch die Interviews, Pressekonferenzen, Sponsorenverpflichtungen usw. Da ist der Sport zwangsläufig in den Hintergrund getreten. Man kann von einem Fulltime-Job sprechen, der kaum Zeit für Privates läßt. Zumindest dann, wenn man seinen Beruf ernst nimmt.
(Januar 1992)

Strümpfe

Ich hasse Strümpfe.
(Dezember 1992)

Süßigkeiten

Ich esse eigentlich, was ich will, vor allem Süßes. Viel zuviel Süßes. Nicht Schokolade, aber Kuchen.
(Juni 1992)

Sylt

Auf Pressekonferenzen muß ich oft aufpassen wie ein Schießhund und teilweise wirklich balancieren. In Hamburg am Rothenbaum zum Beispiel wußte einer der Journalisten, daß ich an einem der spielfreien Tage zum ersten Mal in meinem Leben auf der Insel Sylt war. Wissen Sie, was er mich auf der Pressekonferenz richtig vorwurfsvoll gefragt hat: Steffi, hast du dich in Sylt auch mit der Umweltzerstörung auseinandergesetzt? Ich hatte mir in ein paar freien Stunden gerade mal zwei Reetdächer ansehen können, und schon sollte ich mich sozusagen zu den Grünen bekennen.
(Juli 1990)

Sympathie

Ich glaube, ob man von den Menschen gemocht wird, das hängt sehr davon ab, ob man die Bodenberührung verliert. Es ist aber wichtig, daß man Sympathien verspürt. Deshalb gebe ich mir schon Mühe, nicht großspurig zu werden oder auszuflippen. Andererseits: So große Mühe muß ich mir gar nicht geben.
(April 1987)

Tagebuch

Was ich besonders hasse, sind bewußte Verdrehungen von Aussagen. Vor Weihnachten habe ich einer Journalistin gesagt, ich hätte einmal einen Brief geschrieben in der Art, wie man Gedanken und Gefühle etwa einem Tagebuch anvertraut. Nach einiger Zeit, so sagte ich ihr, hätte ich den Brief noch einmal gelesen und festgestellt, daß ich an dem bewußten Tag unheimlich negativ eingestellt gewesen sein muß. Und was schreibt diese Dame? Ich würde mir ständig selbst Briefe schreiben und dann feststellen, daß ich depressiv sei. Da fällt mir nichts mehr ein, da habe ich nur noch Wut und keine Lust mehr, überhaupt noch mit jemandem zu reden.
(Dezember 1991)

Tagesablauf

Schon gestern war es unheimlich hart. Wir hatten in Bad Homburg einen Länderkampf gegen die Tschechoslowakei. Claudia Kohde-Kilsch und ich haben bis um zwölf Uhr nachts noch Doppel gespielt. Zwischen den Spielen gab es keine Zeit zum Essen, danach war noch Pressekonferenz. Kurz vor eins kam ich erst ins Bett. Heute morgen bin ich um acht Uhr aufgestanden, habe kurz gefrühstückt. Da nehme ich mein Brot in den Mund, und sofort kommt jemand daher und will ein Autogramm. Wenn ich dann freundlich nein sage, denkt der vielleicht, ich hätte Allüren. Ich habe kurz meine Sachen für heute abend gepackt und noch etwas für morgen, für den Flug nach Vancouver. Zwischendurch haben mir die Leute von Adidas die neue Kollektion

gezeigt, die ich mitentworfen habe und die unter meinem Namen demnächst verkauft wird. Für die Schuhe habe ich noch einige Verbesserungsvorschläge gemacht. Dann bin ich zu einer Autogrammstunde in ein Mannheimer Sportartikelgeschäft gefahren. Jetzt sitze ich hier beim Interview, kann dabei etwas essen, was ja auch schon ein Vorteil ist. Danach muß ich noch kurz trainieren, fahre dann nach Hause, um etwas zu schlafen. Und heute abend spielen wir dann gegen die USA. Ach so ja, dann habe ich noch eine Hose gesehen, die mir gefallen hat. Die habe ich mir gekauft.
(August 1987)

Talent

Man darf gar nicht länger darüber nachdenken: Eigentlich unterscheidet sich eine Tennisspielerin von der anderen nur dadurch, daß sie den einen oder anderen Ball etwas besser und kräftiger übers Netz schlägt ...
(Mai 1990)

Tarnkappe

Ich würde mich manchmal gern unsichtbar machen. Und Tennis würde ich genauso gern spielen, wenn nur ein paar Menschen zuschauen würden. Wenn ich daran denke, daß mich 97 Prozent aller Deutschen kennen – da bekomme ich Panik. Eine Tarnkappe wäre wirklich das schönste Geschenk für mich.
(Mai 1989)

Telefon

Für Gespräche mit daheim gebe ich jeden Monat eine Menge Geld aus. Bis zu 7000 Mark.
(Juni 1986)

Das ist ein seltsamer Apparat! Mir ist das Telefonieren inzwischen zwar etwas leichter geworden, zumal ich es lernen mußte, denn nur so kann ich trotz der vielen Reisen manche mir wichtige Freundschaften pflegen. Aber wenn ich mit fremden Menschen sprechen soll, möchte ich mich noch heute am liebsten vor dem Telefon verkriechen. Darunter leide ich manchmal, aber ich bin völlig unfähig, mich zu verstellen.
(Juni 1990)

Tempo

Tempogefühle sind irre. Wahnsinn! Ich habe mir neulich auf dem Hockenheim-Ring einen langersehnten Wunsch erfüllt: Ich bin Formel 1, Tempo 300 gefahren, alleine im Cockpit. Noch in Paris während des Grand-Slam-Turniers hatte ich am ganzen Körper blaue Flecken davon. In einem schnellen Cabrio alleine am Meer entlangfahren und dabei im Kopfhörer harmonische Musik hören, das ist ein Fest, das ich genieße.
(Juni 1990)

Tennis-Männer

Am besten gefällt mir John McEnroe, weil der spielt, wie es in keinem Tennis-Lehrbuch steht. So aus dem Hand-

gelenk heraus, diese total überraschenden Schläge, die kann keiner so wie er. Und wenn ich bedenke, wie wenig er dafür trainiert! Der zaubert wirklich nur sein Talent auf den Platz. Ich bin ein Typ, der gerne schönes, gerades, aggressives Tennis sieht – so wie es etwa Henri Leconte spielt. Und ich bewundere Ivan Lendl. Für seinen unglaublichen Trainingsfleiß. Das ist schon sensationell, wie der sich abrackert. Also dem wünsche ich ehrlich, daß er einmal Wimbledon gewinnt. Ich glaube, sogar Boris sieht das so.
(Juli 1990)

Thon, Olaf

Er hat mir in einer Zeitung ein Kompliment gemacht – das ist doch nett und angenehm. Für jede Frau ist es schön, wenn man ihr Komplimente macht. Ich halte Olaf Thon für einen hervorragenden Fußballer. Und es gefällt mir zudem, daß er für den FC Bayern München aktiv ist.
(Januar 1993)

Tief

In meiner Welt fühle ich mich eigentlich ganz wohl. Nur ist es manchmal so, daß ich mich abkapsle, wenn die Dinge nicht so gut laufen für mich. Ich habe manchmal ein paar kleine Tiefs, und die versuche ich dann immer alleine durchzustehen – was sehr schwer ist. Deswegen versuche ich jetzt häufiger, mir helfen zu lassen.
(Oktober 1991)

Tips

Jungen Spielerinnen würde ich vor allem eines raten: Morgens zwei Stunden ein bißchen mehr auf Kondition achten. Nachmittags Sätze spielen und dann vor allem Aufschläge üben. Ich mache das eine halbe Stunde.
(Mai 1988)

Tod

Der Tod ist etwas sehr Fernes. Aber mit der Phantasie möchte man doch immer wieder herankommen an ihn, ihn erkunden. Es geht jedoch nicht. Der Tod ist so ein Thema wie die Unendlichkeit oder die Ewigkeit. Da ist das Gehirn wie ein Käfig.
(April 1990)

Tokio

Ich habe beim Turnier in Tokio Anke Huber geschlagen. Ich bin vollauf zufrieden. Das war endlich wieder das Tennis, das ich spielen wollte. Damit habe ich mein Tief bei den Australian Open überwunden. Es gibt eben gute und schlechte Turniere. Eine Niederlage ist kein Grund, das nächste Match wieder zu verlieren oder gar Tage darüber nachzudenken.
(Januar 1991)

Topspin

Seit dem Sommer bin ich wieder verrückt danach, Tennis zu spielen. Und ich stelle fest: Die Topspin-Rückhand

ist mittlerweile ein ganz netter Schlag. Bisher blieb diese „Waffe“ bei mir immer ziemlich stumpf, inzwischen freunde ich mich langsam mit diesem Mittel an. Gleichzeitig nehme ich Abschied von meiner alten Gewohnheit, den Ball für den zweiten Aufschlag stets in der Hand zu halten. Dies hat ein sicheres Umgreifen auf die Topspin-Rückhand verhindert.
(November 1990)

Trabant

Optisch sieht man auch in Leipzig die größten Veränderungen vor allem erstmal an den neuen Autotypen. Vor zwölf Monaten dominierte noch der Trabant. Als ich gestern auf einen Parkplatz schaute, da sah ich unter den 50 bis 70 Autos fast nur westliche Typen, und was mich am meisten überraschte, fast nur neue Autos. Aber auch in der Stadt Leipzig selbst hat sich viel verändert, sie wirkt viel bunter und lebendiger.
(Oktober 1991)

Trainer

Das Umfeld muß zum Spieler passen. Dafür ist der Trainer da. Er darf einen Spieler, eine Spielerin nicht zu nervös machen, ein Trainer darf aber auch nicht zu ruhig sein. Ein Trainer muß sich gegenüber seinem Schützling immer bestimmte Fragen stellen: Rede ich jetzt viel, oder lasse ich ihn lieber in Ruhe? Weiß er, worum es mir jetzt geht? Ist er hundertprozentig bei der Sache? Ein guter Trainer kann alles an den Augen erkennen.
(April 1990)

Spielen kann ich selbst, dafür brauche ich keinen Trainer. Aber selbst Leute, die das Einmaleins beherrschen, die also rechnen können, bekommen beim Wurzelziehen im Kopf manchmal Probleme. Also muß man Wurzelziehen üben. Dafür ist der Trainer da.
(Juni 1990)

Trainerin

Nein, so eine Karriere habe ich nicht vor. Ich glaube, wenn ich mit dem Spielen aufhöre, bin ich ganz weg vom Tennis. Denn was mir Spaß macht, ist allein das Spielen. Das ganze Drumherum ist gar nicht meine Welt. Also: keine Beckenbauer-Perspektive. Auch im Fernsehen als Kommentatorin tätig zu sein, kann ich mir heute nur schwer vorstellen.
(Juli 1990)

Trainerwechsel

So etwas setzt Energien frei, die vorher in Gewöhnung gefesselt waren. Ich habe zuletzt Pavel Slozil gar nicht mehr richtig zugehört. Das umschreibt ja die Abnutzung zwischen Athletin und Trainer in fünf Jahren, also 35 Wochen pro Jahr. Schon in den ersten drei Tagen mit meinem neuen Trainer Heinz Günthardt aus der Schweiz habe ich viel Neues gelernt. Er ist da ein ganz anderes Aufnahmevermögen, auch eine ganz neue Lernbereitschaft. Er sieht noch viele Schwachstellen in meinem Spiel, nicht nur die Rückhand. Und er hat für jeden Schlag bestimmte Ideen, von denen er glaubt, daß sie mich weiterbringen. Er trainiert ganz anders, als ich

zuvor trainiert hatte. Viel gezielter. Ich glaube, daß die ganze Sache sehr wirkungsvoll ist.
(Dezember 1991)

Training

Ich liebe es, am Ball zu sein. Nur Training befriedigt mich nicht.
(März 1988)

Männer bringen es auf fünf, sechs Stunden täglich. Ich schaffe maximal vier Stunden. Für mich ist es besser, weniger und dafür sehr hart zu spielen, als lange und nicht so intensiv.
(Mai 1988)

Trauer

Für Trauer bin ich empfänglich. Ich bin eine sehr dunkle Person, in mancher Beziehung. Es ist unheimlich schwer zu beschreiben, aber bei mir im Zimmer beispielsweise sind die Vorhänge selten auf. Meine Rollos sind bei mir im Zimmer immer unten. Es ist schwer zu verstehen, aber ich liebe die Dunkelheit sehr. Alle Möbel sind schwarz, erst mit den paar Sachen, die ich zuletzt dazugekauft habe, ist es etwas farbiger geworden. Aber, wie gesagt, ich bin schon ein dunkler Typ.
(Juni 1992)

Traum

Ich schwimme im Meer, zusammen mit Delphinen ...
(Januar 1992)

Traum-Mann

Clint Eastwood! Ja, so einer wie er würde mir gefallen. Was sich aber eher auf den Charakter, auf das Wesen bezieht. Aussehen ist nicht so wichtig. Das heißt: ein bißchen größer als Papa müßte er schon sein, und Papa ist 1,72 Meter groß. Ich bin ihm schon zwei Zentimeter über den Kopf gewachsen.
(Juli 1986)

Mein Traum-Mann ist weich und hat eine männliche Ausstrahlung. Auf schmuddelige Typen stehe ich genausowenig wie auf einen, der mir hinterherreist.
(Dezember 1992)

Traurigkeit

Boris Becker hat all diesen Sensationsjournalisten auch seine Meinung gesagt, und trotzdem gehen sie immer noch gegen ihn vor. Ich bin also gar nicht so optimistisch, daß die meine Traurigkeit interessiert. Denn wenn sie irgendwas von mir verstanden hätten, würden sie doch schon längst mit ihren Belästigungen aufgehört haben. Ich befürchte, so wie mit Boris machen sie das jetzt auch mit mir. Aber ich habe wenigstens mal meinen Mund aufgemacht.
(Juni 1990)

Trend

Die Aggressivität im Spiel wird sich noch verstärken, vor allem beim Spiel von der Grundlinie aus. Das erfordert Risikobereitschaft und Sicherheitsgefühl trotz des hohen Tempos, trotz körperlicher Fitneß und viel Selbstvertrauen. Eine Gefahr sehe ich darin, daß vor allem junge Spielerinnen zu viele Turniere spielen, relativ schnell nach oben kommen können, aber damit auch das Risiko eingehen, schnell verheizt zu werden.
(November 1991)

Turniere

Vielleicht werden schon zu viele Turniere gespielt, jedenfalls bei den Herren. Bei den Damen ist das noch kein so großes Problem. Gute Spielerinnen konzentrieren sich sowieso nur auf die großen Turniere. Kleine Turniere muß es wegen der schwächeren Spielerinnen aber auch geben.
(Oktober 1991)

Überraschung

Die Überraschung dieses Jahres für mich: Wie breit die Spitze, wie hoch das Niveau im Damentennis geworden ist. Die Spielerinnen sind allgemein viel professioneller geworden.
(November 1991)

Unbesiegbarkeit

Seit drei Jahren bin ich die Nummer 1. Irgendwie war da so etwas wie die Aura der Unbesiegbarkeit. Jetzt habe ich bei den Internationalen Deutschen Meisterschaften in Berlin und bei den Internationalen Französischen in Paris zweimal hintereinander gegen Monica Seles verloren. Ich weiß, warum: Ich war so down in dieser Zeit, war abgelenkt und traurig. Ich habe sonst die Schuld für Niederlagen wirklich immer bei mir selber gesucht. Aber in Paris und Berlin habe ich wohl nicht nur gegen Monica Seles verloren. Mich hat ein Gegner kaputtgemacht, der gar nicht auf dem Platz stand. Der Schriftsteller Heinrich Böll hat diesen Gegner immer nur „die Zeitung" genannt. Ja, ich habe die beiden Finals wohl auch gegen diese deutsche Presse verloren.
(Dezember 1991)

Unfähigkeit

Ich muß zu vielen anderen Begabungen unfähig sein, auch fürs Leben vielleicht, weil ich mich sonst nicht auf mein Spiel konzentrieren kann, auf das Niveau, das ich halten will.
(März 1993)

Unreife

Ich kenne einige Spielerinnen, die noch richtige Kinder sind. Doch sie sind der festen Überzeugung, daß sie die Besten seien. Genau diese Einbildung, diese Unreife macht ihre Persönlichkeit aus. Und damit gehen die ins Stadion und spielen meist über ihre Verhältnisse. Hört sich komisch an, nicht? Ist aber wahr. Sie spielen meist wirklich „nur“ mit 120 Prozent ihres Könnens. Sie putschen sich nämlich mit ihrem Selbstvertrauen auf. Aber wehe, wenn du nach dem Match ein paar Worte mit ihnen wechseln willst.
(Juli 1990)

Unverschämtheit

Martina Navratilova hat gesagt, ich solle mich von meinem Vater gleichsam abnabeln. Das ist im Grunde eine Unverschämtheit. Wenn mal nicht alles hundertprozentig läuft, bildet sich jeder ein, Ratschläge erteilen zu können und zu müssen. Nur soviel: Ich beschäftige mich auch nicht öffentlich mit den Problemen von Martina. Außerdem kennt sie meinen Vater überhaupt nicht. Mit ihm bin ich die Nummer eins geworden und

habe den Grand Slam gewonnen. Da erübrigt sich ja wohl jeder Kommentar. Mit einem Wort: Ich habe nicht verstanden, daß sich Martina in meine Familienangelegenheiten mischt. Aber es wäre trotzdem eine tolle Sache, mit ihr künftig Doppel zu spielen.
(Mai 1991)

Urlaub

Das einzige, was ich zu der Masters-Zeit machen konnte: Einmal durfte ich raus, da war diese Sotheby's-Auktion. Die war am Vorabend mit der Versteigerung eines Picassos für 40 Millionen Dollar. Am darauffolgenden Tag ist sie dann weitergeführt worden. Nicht mit so riesigen Bildern, aber auch Picasso, Manet, Monet, auch Renoir. Also wirklich Superbilder. Ich war das erste Mal auf so einer Ausstellung. Es hat mich begeistert. Jetzt möchte ich einmal zwei Tage so richtig durch New York stromern. Da läuft so viel – eine Picasso- und Braque-Ausstellung. Die möchte ich mir gern ansehen. Dann wieder zurück nach Florida. Ein paar Tage Ruhe. Ein bißchen Reiten. In Boca Raton, auf einer traumhaften Ranch mit über 200 Pferden.
(Oktober 1988)

Wimbledon 1991: „Grafschaft“ mit Siegerschale. Mutter Heidi und Vater Peter Graf flankieren eine Königin

Vater

Mein Vater hat mir immer gesagt, ich soll spielen, solange ich will. Wenn ich keine Lust mehr habe, soll ich aufhören. Er hat nicht gesagt, daß ich weiterspielen muß, um das Geld reinzubringen.
(April 1986)

Er hat mir von Anfang an in jeder Hinsicht geholfen. Zum Beispiel mit der Presse. Ich habe nicht so gerne mit Journalisten zu tun. Und wenn ich ins Fernsehen soll, denke ich immer: Oh, Sch...! Mein Vater weiß, daß ich gern meine Ruhe habe und hält viel von mir fern. Deshalb wird er oft als Buhmann hingestellt. Dabei tut er nur, was ich möchte und läßt mir genügend Freiheiten. Er ist alles für mich – Coach, Vater, Manager, aber bestimmt kein Aufpasser.
(April 1987)

Mein Erfolg kommt nicht aus mir selber. Was mich dahin gebracht hat, ist unheimlich wichtig. Und das hat mein Vater wirklich super gemacht. Niemand kann alleine hochkommen. Und hinter mir steht nicht nur mein Vater, ich brauche die ganze Familie. Dafür nur ein kleines Beispiel: Ich würde niemals sagen oder zugeben, daß ich müde bin. Einmal habe ich das gesagt, ich glaube, da war ich elf oder zwölf Jahre alt. Sonst nie. Aber mein Vater merkt, wenn ich eine Pause brauche. Ich habe Vertrauen zu ihm. Ich habe ein tolles Umfeld, ich brauche es auch. Schon wegen der vielen Trittbrettfahrer, die sich an meinen Erfolg immer häufiger anhängen wollen. Und ich kann auch unterscheiden, zu wem ich Vertrauen haben kann und zu wem nicht.
(August 1987)

Meinem Vater habe ich alles zu verdanken. Er ist und wird für mich unersetzlich bleiben.
(Oktober 1987)

Ich vermute, daß meine Erfolge auch meinen Vater ein bißchen überrascht haben. Er hat wohl nicht geahnt, daß ich so schnell die Nummer eins würde. Natürlich kommen da auch auf ihn Probleme zu. Er wird jetzt auch in die Öffentlichkeit hineingezogen, sicher mehr, als ihm das alles wert ist.
(Oktober 1987)

Die einzige Aufgabe meines Vaters besteht darin, mich bestmöglich zu betreuen und zu beschützen. Das ist jetzt komplizierter, so sagt mein Vater selbst, als wenn ich die Nummer 35 wäre. Und sicher bin ich für ihn auch schwieriger, weil er nicht nur Coach und Manager ist, sondern eben auch mein Vater. Ich glaube, man kann sagen: Alles, was er macht, wird von den normalen Empfindungen eines Vaters für seine Tochter bestimmt.
(Dezember 1987)

Ich bin bestürzt, wenn Journalisten über meinen Vater herziehen. Das ist meist konstruiert, ist irgendwie provinzielles Denken. In Deutschland ist er für einige ganz Eifrige ein Buhmann. Im Ausland spielt sich alles viel seriöser ab. Da zählt der Erfolg. Da wird der große Einsatz, der früher belächelt wurde, mit dem er mich aber auf Rang 1 gebracht hat, heute voll und ganz respektiert.
(Februar 1988)

Wir haben beide gelernt, mit den Unfreundlichkeiten umzugehen, die über meinen Vater zu hören und zu lesen sind. Er ist ja oft auch nur deshalb der Buhmann, weil er so vieles von mir fernhält. Manchmal allerdings ist es schon schlimm, wie beispielsweise beim letzten Turnier in Hamburg. Da stand täglich Schlechtes über meinen Vater in den Zeitungen, der war aber gar nicht in Hamburg, sondern lag mit Fieber zu Hause im Bett.
(Mai 1989)

Mitten während des Turniers in Berlin, da ging es los. Am Tag zuvor ging es mir noch so gut. Doch dann, als ich das hörte und las, was Illustrierte über meinen Vater schrieben, da habe ich geheult. Ich habe mich von einem Fahrer in den Wald bringen lassen, bin für mich alleine lange rumgelaufen und habe mich irgendwo hingesetzt und gedacht, da mußt du jetzt drüberstehen. Aber als ich wieder ins Hotel zurückkam, war ich immer noch so tief verletzt, daß ich mich fragte, wie soll ich das Turnier nur weiterspielen.
(Juni 1990)

Warum soll ich mich von ihm lösen. Es ist eine Super-Beziehung.
(Januar 1991)

1990 war für mich ein sehr, sehr schweres Jahr. Das Sportliche hat unter einigem anderen gelitten. Die Presse hat mir mit ihren Schlagzeilen überhaupt nicht geholfen. Die Art und Weise, in der die Dinge um meinen Vater dargestellt wurden, das war mehr als geschmacklos, das hat mich das Jahr über beschäftigt und verunsichert. Mein Vater und ich wissen so ziemlich alles voneinander.

Wir haben über die Sache mit Nicole Meissner gesprochen, und insofern weiß ich ganz genau, daß ich zu ihm stehen kann. Ich bin mit meinem Vater der Meinung, daß das alles niemanden etwas angeht. Das ist seine Privatsphäre! Und für mich bleibt er immer ein sehr wichtiger Bezugspunkt in meinem Leben, dem ich auch keinerlei Ratschläge geben muß.
(Februar 1991)

Natürlich habe ich auch schon gegen meinen Vater Tennis gespielt und verloren. Allerdings: Da war ich ein kleines Kind. Es ist also schon so lange her, daß ich mich eigentlich kaum richtig erinnern kann.
(Mai 1991)

Venedig

Ja, aber vor allem im Winter – wenn der Frost das Wasser ganz grün macht und die Gondeln an den Anlegestellen liegen, vorn auf ihren Spitzen Schneehauben. Klare Luft, ganz aus Wasser und Weite. Himmlisch, sich das vorzustellen.
(Juni 1988)

Verlangen

Verlangen kann ich gar nichts. Ich hatte doch bislang relativ viel Glück, dafür bin ich einfach dankbar. Ich muß im Leben nicht alles haben. Auch ich kann mich nicht dem entziehen, was mir vorgeschrieben ist, auf meinen Wegen durchs Leben.
(November 1991)

Verletzung

Sechs Monate verletzt zu sein, ist nicht gerade angenehm. Krankenhaus hin und zurück, die ganzen Therapien – das hat mich ziemlich geschlaucht.
(Dezember 1991)

Diese Sehnenentzündung an der Schlagschulter ist so ziemlich das Bitterste, was ich bisher hatte. Die Verletzung ist nicht zu berechnen, der Schmerz kommt und geht. Gegen das Malheur, das ja zum Federation Cup 1991 zum ersten Mal kam, habe ich von Unmengen Pillen, über Spritzen bis hin zur täglichen Krankengymnastik oder völliger Ruhe so ziemlich alles ausprobiert. Nichts, aber auch gar nichts hat den erwünschten Erfolg gebracht. Manchmal ist die Sache derart schmerzhaft, daß du dir nicht die Haare kämmen kannst.
(Oktober 1992)

Verstecken

Ich bin ein Typ, der gerne die Haare so ein bißchen im Gesicht hat. Man fragt mich zwar oft, wozu das? Hab dich nicht so. Du brauchst dich doch nicht zu verstekken. Aber ich verstecke mich eben gerne etwas.
(März 1993)

Verträge

Inzwischen schaue ich mir alle Verträge, die so ins Haus kommen, ganz genau an. Seit einem Jahr, darauf hat mein Vater bestanden, informiere ich mich auch über die

geschäftlichen Dinge und lerne genug, um auch alleine damit fertigzuwerden.
(Mai 1989)

Boris Becker etwa und ich haben heute die gleiche Anzahl von Verträgen wie vor drei oder vier Jahren. Für weitere Verpflichtungen hätte ich auch gar keine Zeit, das wäre dann auch mir zuviel. Vergessen darf man nicht, daß ich auch noch unentgeltlich Zeit in Projekte wie „Berlin 2000“ oder „Keine Macht den Drogen“ investiere. Ich mache viel, vielleicht zuviel, wenn ich jetzt darüber nachdenke. Ich hätte gerne mehr Zeit für mich.
(Januar 1992)

Vitalität

Vitalität bedeutet in New York wohl seit jeher: niederreißen, demolieren – und dann etwas Neues hinstellen. Etwas noch nie Dagewesenes muß es schon sein, sofern möglich, zumindest etwas Riesiges. New York ist ein steinalter Moloch mit einem supermodernen Schwungrad.
(März 1991)

Vitamine

In Sachen Ernährung tue ich alles Nötige. Vitamine, Mineralien und vollwertige Kost sind Bestandteil meines täglichen Speiseplans.
(Januar 1992)

Volley

Natürlich versuche ich auch meine Stärken, zum Beispiel meine Vorhand oder meine Laufarbeit, zu verbessern. Mein Hauptziel besteht darin, die schwächeren Volleys und meine Rückhand noch stärker zu machen. Ich weiß auch, daß mein Angriffsspiel zu verbessern ist.
(März 1987)

Fast jeden Tag probiere ich einen neuen Schläger aus. Aber der richtige war noch nicht dabei. Aufschlag und Volley könnte ich damit verbessern. Und wenn ich meine Vorhand mit solch einem Schläger spielen kann, dann wird viel dabei herauskommen – aber ich krieg es im Moment eben noch nicht hin.
(Juni 1992)

Vorlesen

Ja, so ein kleines Konditionswunder bin ich schon. Also jedenfalls unter den Tennisspielerinnen. Schon als kleines Mädchen konnte ich auswendig gelernte Buchseiten lange Zeit hersagen. Das war in der Schule für mich natürlich von beträchtlichem Vorteil. Nur wenn mir jemand was vorliest, also da kann ich mir kaum etwas merken. Ich müßte alles schon selber lesen, einen optischen Eindruck kriegen. Dann würde ich mir zutrauen, das Gelesene wiederzugeben. Sicherlich mit ein paar Versprechern und einigen Fehlern, aber immerhin.
(Oktober 1990)

Voyeursgeschichten

Als ich in Berlin gegen Monica Seles verlor, standen gerade diese miesen Dinge über meinen Vater in der Zeitung. Monica Seles ist eine großartige Spielerin, und ich hätte auch bei bester Psyche gegen sie fighten müssen. Aber das war es ja gerade: Ich konnte gar nicht fighten wie sonst. Tennis wird mit dem Kopf gewonnen, aber mein Kopf war oft gar nicht beim Spiel. Nachdem ich die beiden ersten Spiele gegen sie noch gewonnen hatte, habe ich die Bälle bei den nächsten Spielen sozusagen an den Zaun gehauen. Ich konnte einfach nicht mehr. Einige Zuschauer haben mich aufzumuntern versucht. Doch ich habe gar nicht hinzugucken gewagt, weil ich immer denken mußte: Die haben diese Voyeursgeschichten doch auch in der Zeitung gelesen.
(Juni 1990)

Waalkes, Otto

Er hat in Florida ein Haus neben unserem gekauft. Ich mag ihn. Er kann so herrlich blödeln; wenn man mit ihm zusammen ist, kann man die Seele so richtig baumeln lassen.
(Juli 1992)

Waisenkinder

Ich glaube, es ist im Sinne der Leute, die mich beschenken, wenn ich diese Dinge – T-Shirts, CDs und so – mit nach New York nehme. Da kenne ich ein Heim für Waisenkinder, die können diese Sachen gut gebrauchen. Ich hoffe, niemand nimmt mir das übel, sondern versteht es als eine Geste, nützlich zu sein.
(Dezember 1992)

Wand

Nach der Niederlage in Berlin habe ich mit dem Tennisschläger übrigens zum ersten Mal ein richtiges Loch in die Wand der Umkleidekabine gehauen. Okay, es war nicht gerade die stabilste Wand, aber stellen Sie sich vor, zack, ein Loch in der Wand.
(Juni 1990)

Weltgeschehen

Ich kriege halt viel mehr mit vom Weltgeschehen als von deutscher Politik. Das ist ganz klar, weil ich die meiste Zeit unterwegs bin. Ich kriege viel in Amerika mit. Irgendwie ist das Weltgeschehen für mich, ich will nicht sagen: einfacher zu verstehen, aber ich bin damit viel öfter beschäftigt als mit den Dingen, die zu Hause passieren.
(Oktober 1988)

Weltverband

Immer wieder haben wir Ärger mit dem Verband, vor allem mit dem Präsidium Evert, Navratilova, Shriver. Jetzt bin ich erst einmal ins Ranglisten-Komitee gerückt – das ist schon viel wert. Alles andere braucht Zeit. Ich muß erstmal mitbekommen, was da läuft. Das Problem ist, daß alle wichtigen Entscheidungen in den USA getroffen werden. Aber wir Grafs lassen uns nichts gefallen.
(Mai 1988)

„Wilde"

Hinter uns Etablierten lauern die „jungen Wilden". Ihnen gehört die Zukunft.
(Januar 1992)

Willen

Mein Willen wird sicher eines Tages noch einmal in ganz entscheidender Weise benötigt: Wenn es ums Aufhören geht. Ich weiß doch, zumal, wenn man Erfolg hat: Man schaut auf die Uhr und sagt sich, noch ein bißchen und noch ein bißchen. Und es fällt einem schwer, bewußt mit der eigenen Vergangenheit zu brechen. Ich will es aber tun, eines Tages. Ich will nicht warten, bis der Körper mein Talent zerstört und die Leute Zeugen sich häufender Schlappen werden. Wenn ich noch etwas anderes erreichen will im Leben, muß ich eines bestimmten Tages sehr, sehr entschlossen sein. Aber ich nehme an, damit keine allzu großen Probleme zu haben.
(November 1988)

Ich bin eben eine, die die Flinte nicht so schnell ins Korn wirft; ich habe immer von den Reserven meines wohl starken Willens profitiert.
(Juni 1990)

Wimbledon

Das Beste an Wimbledon sind mit Abstand die Zuschauer – ich denke da besonders an jene, die am Sonntag vor einer Woche hier waren, als ich mit Henri Leconte Mixed gespielt habe. Das waren die wirklichen Tennisfans. Das war das absolut Tollste für mich bisher. Schon als wir den Platz betraten, da dachte ich, das kann nicht wahr sein. Kein Centre Court auf der Welt ist mit dem von Wimbledon vergleichbar. Wenn die Leute derart mitgehen, spürt man das so intensiv wie nirgendwo sonst.
(Juli 1991)

Wimbledon ist mein Reich.
(Januar 1992)

Wimbledon 1991

Wimbledon war der absolute Höhepunkt, völlig klar. Ein in vielerlei Hinsicht wichtiger Erfolg für mich. Zwar habe ich wiederum nicht gut gespielt, was mich sehr enttäuscht hat, dafür habe ich aber endlich wieder einmal in entscheidenden Situationen die wichtigen Punkte gemacht.
(Dezember 1991)

Wimbledon 1992

Diese ständigen Regenunterbrechungen! Natürlich ist solches Wetter unangenehm, weil man nie weiß, wann es nun wirklich weitergeht. Einmal mußte ich ganz schnell aus meiner Unterkunft zurückgeholt werden, weil die Organisatoren eine längere Pause erwartet hatten. Aber insgesamt hat es mir doch recht wenig ausgemacht, wohl auch deshalb, weil ich bereits bei der ersten Unterbrechung klar führte.
(Juli 1992)

Ich habe es genossen, die Weltranglisten-Erste auf diesem besonderen Tennisplatz auf diese besondere Art und Weise zu besiegen. Natürlich habe ich ein solches klares Ergebnis nicht erwartet. Aber ich wußte, daß ich dieses Spiel in mir habe. Und ich habe seit langem wieder mal richtig an mich geglaubt. Die andere wußte doch gar nicht, was sie machen sollte.
(Juli 1992)

Wimbledon-Niederlage

Ich habe gegen Martina Navratilova das Finale verloren, nachdem ich sie kurz vorher beim Grand Slam in Paris besiegt hatte. Natürlich war nach dem Finale erstmal der Ärger da. Danach, gegen Abend, wurde das Gefühl immer stärker: Mensch, da bist du so weit gekommen, warum hast du denn nicht auch gewonnen! Sicher, ich war enttäuscht. Am späten Abend bin ich ja noch nach Kiel geflogen, ins Aktuelle Sportstudio. Und das war doch etwas merkwürdig für mich. Als ich ankam, haben die Leute gejubelt und regelrecht getobt. Die waren überhaupt nicht enttäuscht und haben mir immer wieder gesagt, ich könnte ruhig stolz auf meine Leistung sein. Das hat mich getröstet. Doch wenn man im Finale steht, will man es eben gewinnen. Es paßt eigentlich nicht zu mir, daß ich mich nach einer Niederlage gerne bejubeln lasse. So schön kann eine Niederlage niemals sein.
(August 1987)

Wimbledon-Sieg

Der dritte Sieg bei diesem Turnier! Für die Zukunft bedeutet das: Mit mir wird wieder mehr zu rechnen sein.
(Juli 1991)

Wintermantel

Diese Geschichte vom Wintermantel erzählt mein Vater, wenn er meinen Geiz nachweisen will. Und er schüttelt immer wieder den Kopf über diese Story. Eines Tages bin

ich nach Chicago geflogen, um dort meinen neuen Trainer Pavel Slozil kennenzulernen. Losgeflogen bin ich mit einer normalen Jacke und Tennisschuhen, denn es waren zehn Grad. In Chicago aber herrschten nach einem plötzlichen Kälteeinbruch minus 15 Grad. Ich habe bitterlich gefroren. Das erzählte ich am Telefon meinem Vater, und ich sagte ihm noch, ich hätte in einem Schaufenster einen schönen Wintermantel gesehen, aber der kostete 280 Dollar. Da hat er mächtig mit mir geschimpft und sich sehr geärgert, daß ich mir das Ding nicht sofort gekauft hatte. Ich hab' ihn mir ja dann auch geholt und noch ein paar Stiefel dazu. Aber 280 Dollar sind doch viel Geld, oder?
(August 1987)

Witt, Katarina

Ein unheimlich nettes Gespräch hatten wir. Wir haben über Amerika gesprochen. Und dabei haben wir einige Gemeinsamkeiten festgestellt. Ich war ja gerade lange Zeit drüben, und sie hat jetzt über zwanzig Schaukämpfe in den USA.
(Mai 1988)

Was mir an ihr gefällt, ist dieses Selbstbewußtsein, mit dem sie zu ihrer DDR-Karriere steht. Sie verleugnet sich nicht, sie verdrängt nichts. Sie hat bewußt in der DDR gelebt, und dazu bekennt sie sich. Das unterscheidet sie von Millionen Neu-Opportunisten.
(Mai 1992)

Wohlstand

Man fühlt sich unheimlich gut, auf der einen Seite; aber es berührt mich viel tiefer, wenn ich Leute sehe, denen es schlecht geht. Kürzlich hatte ich ein Erlebnis, das mich sehr mitgenommen hat. Wir sind zum Flughafen nach West Palm Beach gefahren, und da stand so ein Mann, nicht gut angezogen und hat ein großes Schild in der Hand: „I work anything for food." Da war ich fertig mit den Nerven. Ich bin an der nächsten Ampel ausgestiegen, zurückgelaufen und habe ihm 100 Dollar in die Hand gedrückt. Er hat angefangen zu heulen, ich habe auch geheult. Das war ein Bild ... Na ja, was soll's. Aber das sind Augenblicke, in denen ich mich frage, was ich später mache.
(Juni 1992)

Wünsche

Na ja, das ist halt schwer. Meine Oma fragt mich auch immer, was ich gern hätte. Ich habe jetzt seit neuestem einen CD-Player, aber sonst wüßte ich eigentlich nicht, was ich mir Großartiges kaufen könnte.
(April 1987)

Eigentlich habe ich nur einen einzigen Wunsch: Ein langes und gesundes Leben.
(Juni 1987)

Aber selbstverständlich habe ich sehnlichste Wünsche. Zum Beispiel: einen schwarzen Panther zu besitzen. Aber eine so große Katze kann man ja nicht einfach zäh-

men, es sei denn, du gibst ihr genügend Zeit von dir, und die könnte ich einem Panther ja nun wirklich nicht geben. Dennoch: Ich will einen schwarzen Panther haben! Mal schaun, was ich mit ihm mache. Mal schaun, was er mit mir macht.
(Juni 1990)

Ich würde gern ganz privat reisen. Am liebsten mit der transsibirischen Eisenbahn durch Rußland, aber auch durch Südamerika und Afrika, wo ich noch nie war. Vielleicht habe ich dann auch mehr Zeit für meine ästhetischen Begabungen und kreiere Modeschmuck. Ich stelle schon jetzt Ohrringe und ähnliche Sachen her. Und ich kenne fast jede Modezeitschrift und weiß, welcher Modemacher welchen Stil hat. Wenn ich ein Kleid sehe, dann weiß ich ziemlich genau, wer es entworfen hat.
(Juli 1990)

Zahlen

Ich denke nicht in Zahlen, also auch nicht in Weltranglisten-Ziffern. Ich denke immer an das Naheliegende.
(Dezember 1992)

Zeit

Ich habe keine Zeit, jemanden kennenzulernen. Wenn ich jemanden kennenlernen würde, müßte ich ohnehin nach ein paar Tagen wieder weg. Denn ich bin ja nirgends länger als eine Woche. Ich finde, es gehört auch eine gewisse Verantwortlichkeit dazu, wenn man jemanden kennenlernen will. Man darf niemanden enttäuschen und falsche Erwartungen wecken. Ich kann im Moment die wenigsten Erwartungen erfüllen. Also halte ich mich zurück.
(August 1988)

Es ist schlimm, daß ich so wenig Zeit für mich selber habe. Manchmal träume ich davon, drei Tage freizunehmen, mir Ruhe zu schaffen, alle anderen zu vergessen. Es gibt so viele Dinge, die man aus Zeitmangel nicht machen kann. Windsurfen zum Beispiel. Oder Skifahren möchte ich können. Aber dafür braucht es einfach Zeit. Und die habe ich nicht.
(April 1991)

Zeitung

Ich sehe Nachrichten und lese Zeitungen. Wenn ich in Amerika bin, lese ich gern, und zwar jeden Tag, die Zeitung „USA Today“.
(April 1987)

Ziele

Ich will die Nummer eins in der Welt werden.
(März 1982)

Ich habe mein Ziel noch nicht erreicht, ich möchte gern noch besser spielen können. Die Vorhand, okay. Der Volley ist auch schon ganz passabel. Doch am Aufschlag habe noch zu arbeiten. Und ich beneide manche Konkurrentinnen um ihre beidhändige Rückhand.
(Juli 1990)

Zipperlein

Ehrlich gesagt, hat es mich betroffen gemacht, lesen zu müssen, ich sei am Ende, würde in einer isolierten Welt ohne Freunde und Freude leben und so weiter. Was soll das? Ich bin kein Mensch, der jedes Zipperlein, jede Krankheit an die große Glocke hängt. Daß nun nach neun Jahren Turniertennis auf höchstem Niveau Verletzungen auftreten, ist doch wohl völlig normal. Ebenso, daß man eine Grippe bekommt. Daß ich ein Mensch bin, der gern mal allein ist, das ist doch bekannt. Ich lebe mein Leben, wie ich es für richtig halte, so normal wie jeder andere auch. Ich lehne es ab, ein gläserner

Mensch zu sein, der ständig von der Öffentlichkeit beobachtet und vereinnahmt wird. Mein Privatleben gehört mir.
(Dezember 1991)

Zirkus

Der Tennis-Circuit ist nunmal alles andere als abwechslungsreich. Man sieht immer die gleichen Leute und spielt oft gegen die gleichen Gegner. Freunde sind kaum darunter. Die Mehrzahl der Topspieler und -spielerinnen gibt zu, von Natur aus scheu und Fremden gegenüber mißtrauisch zu sein. Tennisprofis sind recht einsame Menschen. Manches erschreckt mich immer wieder. Ivan Lendl zum Beispiel hat erzählt, er habe „Misea“, seinen ersten Hund, nur deshalb gekauft, weil er verletzt zu Hause herumgesessen und sich gelangweilt habe. Lendl war damals 22 Jahre alt und einer der drei besten Spieler. Oder: Boris Becker hat gesagt, daß er oft nur so mit dem Auto herumfährt, um nachzudenken oder um Musik zu hören.
(August 1991)

Zirkuspferd

Ich gebe dem Publikum alles, wirklich alles, was ich habe. Aber ich muß doch ich dabei bleiben dürfen. Immer sagt man mir, nun lach doch mal ein bißchen und winke in die Menge. Einmal ganz davon abgesehen, daß dann meine Konzentration nachließe und ich das Publikum mit verlorenen Spielen enttäuschen würde, liegen mir diese Zirkuspferdnummern einfach nicht. Ein Fuß-

ballspieler rennt doch auch nicht lachend auf den Elfmeterpunkt zu. Ich freue mich auch oft, aber eben auf meine Weise.
(Juni 1990)

Zürich

Ich wohne hier in einem Hotel, von dem aus ich einen wunderschönen Blick über die Stadt habe. Es ist ruhig in Zürich, die Luft ist gut, ich kann in der Stadt einkaufen gehen und werde nicht belästigt. Und dann sind halt die Leute hier beim Turnier außerordentlich nett. Es macht mir einfach Spaß in Zürich, ich bin hier geradezu glücklich.
(Oktober 1991)

Zuhause

Wenn man berühmt ist, ist man nicht sein eigener Herr. Zwischen vier Wänden die Zeit totzuschlagen, ist wirklich nicht das Wahre, auch nicht in einem Luxushotel. Deshalb stimmt für mich der Satz: Zu Hause ist es am schönsten.
(Juli 1990)

Zukunft

Ich richte mich nicht danach, was auf mich irgendwann einmal zukommen könnte. Ich lese zum Beispiel auch gar nicht mehr so viel Zeitung. Mir ist auch schon manches angehängt worden, was nicht stimmte. Wichtig ist daß

ich weiß, was ich tue. Das ist das Wichtigste. Ich gehe meinen Weg.
(August 1987)

Mit 30 werde ich sicherlich nicht mehr spielen. Ob ich noch früher aufhöre, hängt davon ab, wie lange neues Leben in mein Tennis kommt.
(April 1989)

Ich glaube, es wird bald bessere Aufschläge geben. Alle arbeiten ja daran, an der Sprungkraft, am Bewegungsablauf. Die Damen gehen auch näher ans Netz ran. Auf breiter Basis wird immer bessere Technik geboten. Alles wird athletischer sein, stabiler und schneller. Bei den Damen ist der Return heute vergleichsweise viel besser als das Service. Es muß daran gearbeitet werden, dieses Ungleichgewicht zu beseitigen. In Zukunft werden wir Damen beim Aufschlag auch mehr variieren, zum Beispiel mit Slice- und Kick-Aufschlägen.
(Oktober 1991)

Ich möchte nach dem Tennis ein harmonisches und vor allem ruhiges Leben führen.
(Oktober 1991)

Also die Möglichkeit, in fünfzehn Jahren, wie die Navratilova, noch aktiv zu sein – diese Chance gibt es nicht, die ist gleich Null Komma Null ...
(Januar 1992)

Nach meiner Karriere nehme ich mir ein Jahr oder mehr Zeit und reise dorthin, wo ich noch nie war – China, Neuseeland, Südamerika, Afrika.
(Januar 1992)

Ich habe natürlich jetzt noch keine Ahnung, wie lange ich aktiv sein werde. Einige Jahre werden es schon sein. Im Moment sehe ich keine Probleme, noch bin ich stark motiviert.
(Februar 1992)

Ich möchte eigentlich ungern darüber reden, was vielleicht später in meinem Leben sein wird. Ich weiß nur eins: Ich werde meine Möglichkeit, die Welt zu sehen, auch dafür nutzen, um mir ganz genau anzusehen, wie diese Welt beschaffen ist. Ich will mich engagieren, auch wenn das momentan sehr ungenau und unverbindlich klingt. Wir müssen lernen und anfangen, an irgendeiner Stelle endlich Verzicht zu leisten. Wir dürfen uns nicht so ernst, so wichtig nehmen, wir müssen weniger egoistisch sein, als wir es leider sind. Von klein auf denkt man ja immer zuerst an sich selbst.
(März 1992)

Zweifel

Die Zweifel von anderen an mir – die stören mich nicht. Belasten würde es mich, wenn ich selber an mir zweifle. Dann würde es schwierig werden. Aber ich bin mir meiner Sache sicher. Weil ich weiß, was ich kann und daß ich viel gelernt habe. Ich weiß, was ich für Stärken und Probleme habe.
(August 1989)

Anhang

Steffi Graf – eine Karriere in Zahlen und Fakten

Profi seit 1982.
Höchste Weltranglisten-Position: 1 (August 1987, als erste Deutsche, ohne Unterbrechung bis März 1991, mit Unterbrechungen bis September 1991). Damit übertraf sie im August 1990 die bisherige Rekordmarke von Jimmy Connors, der 160 Wochen lang die Herren-Rangliste angeführt hatte. Bis dahin Bestleistung bei den Damen: Martina Navratilova (157 Wochen).
WTA „Spielerin des Jahres" viermal in Folge (1987-1990)
Weltsportlerin des Jahres (ISK) 1989
Sportlerin des Jahres in Deutschland 1986-1989 in Folge
Trägerin „Großer Preis der Akademie des Sports"
Ehrenbürgerin von Brühl (seit 1988)
Goldene Kamera (1989)
Größte Erfolge:
Insgesamt 69 Turniersiege, davon 11 Grand-Slam-Titel (Stand 1. März 1993);
Australian Open 1988 bis 1990; French Open 1987, 1988; Wimbledon 1988 (als zweite Deutsche nach Cily Aussem, 1931), 1989, 1991, 1992; US Open 1988, 1989; 1988 als dritte Frau Gewinner des Grand Slam – nach

der US-Amerikanerin Maureen Connolly-Brinker (1953) und der Australierin Margaret Court-Smith (1970);
Siegerin im Damen-Masters 1987 und 1989;
Olympiasiegerin in Los Angeles 1984 (Demonstrationswettbewerb) und in Seoul 1988, Silbermedaille in Barcelona 1992;
Doppel-Siegerin 1988 in Wimbledon mit Gabriela Sabatini;
Mitglied der siegreichen deutschen Federation-Cup-Mannschaft 1987;
Gewinner des Hopman-Cups (Mixed-Weltmeisterschaft) mit Michael Stich 1993

Die frühen Erfolge:
1975: Das erste gewonnene Endspiel beim „Zwergl-Turnier" in München.
1977: Kinderturnier von „Sport-Scheck" München.
1981: Sieg beim Orange Bowl (Weltmeisterin), Europameisterin (Klasse bis 14 Jahre); Nr. 5 deutsche Rangliste; Deutsche Meisterin (bis 14 Jahre); Turnier in Monte Carlo, Europacup (mit der deutschen Mannschaft).
1982: Nr. 214 Weltrangliste (jüngster Tennisprofi), 2. der Deutschen Jugendmeisterschaften (bis 18 Jahre); 2. beim Masters-Turnier des deutschen Damen-Grand-Prix, Europameisterin ihrer Altersklasse; Alberto-Cup in Oslo; Internationale Deutsche Jugendmeisterin.
1983: Nr. 98 der Weltrangliste; Europameisterin ihrer Altersklasse (bis 14); Masters-Siegerin beim deutschen Sommer-Grand-Prix; Erreichen der 2. Runde in Paris (jüngste Spielerin, die je ein Match dort gewann).
1984: Nr. 24 der Weltrangliste; Achtelfinalistin in Wimbledon (jüngste Spielerin überhaupt); Finale in

Filderstadt; Deutsche Hallenmeisterin; Deutsche Mannschaftsmeisterin.
1985: Nr. 6 der Weltrangliste; Finalistin in Berlin, Mahwah, Fort Lauderdale; U21-Sieg in Eastbourne; Halbfinale in Filderstadt, Delray Beach, Hilton Head Island; Halbfinale bei den US Open; Achtelfinale in Wimbledon, Paris; Doppelfinale in Berlin; Deutsche Mannschaftsmeisterschaft mit dem Heidelberger TC, Gewinnsumme über 150000 Dollar.

Das beste Jahr von Stefanie Grafs Karriere: 1989. In 88 Matches erlitt sie nur zwei Niederlagen (gegen Gabriela Sabatini und Arantxa Sanchez-Vicario, die bei den French Open den zweiten Grand-Slam in Folge vereitelte). Insgesamt 14 Turniersiege. Von Juni bis November 40 Siege.

WELTRANGLISTE DAMEN (TOP TEN)

	1985	1986	1987
1.	Navratilova	Navratilova	**Graf**
2.	Evert	Evert	Navratilova
3.	Mandlikova	**Graf**	Evert
4.	Shriver	Mandlikova	Shriver
5.	Kohde-Kilsch	Sukova	Mandlikova
6.	**Graf**	Shriver	Sabatini
7.	M. Maleeva	Kohde-Kilsch	Sukova
8.	Garrison	M. Maleeva	M. Maleeva
9.	Sukova	Rinaldi	Garrison
10.	Gadusek	Sabatini	Kohde-Kilsch

	1988	1989	1990
1.	**Graf**	**Graf**	**Graf**
2.	Navratilova	Navratilova	Seles
3.	Evert	Sabatini	Navratilova
4.	Sabatini	Garrison	M. J. Fernandez
5.	Shriver	Sanchez-Vicario	Sabatini
6.	M. Maleeva-Fragniere	Seles	K. Maleeva
7.	Zwerewa	Martinez	Sanchez-Vicario
8.	Sukova	Sukova	Capriati
9.	Garrison	M. Maleeva-Fragnière	M. Maleeva-Fragnière
10.	Potter	Evert	Garrison

	1991	1992
1.	Seles	Seles
2.	**Graf**	**Graf**
3.	Sabatini	Sabatini
4.	Navratilova	Sanchez-Vicario
5.	Sanchez-Vicario	Navratilova
6.	Capriati	M. J. Fernandez
7.	Novotna	Capriati
8.	M. J. Fernandez	Martinez
9.	Martinez	Novotna
10.	M. Maleeva-Fragnière	M. Maleeva-Fragnière

1993 (Stand 1. März/Punkte)	
1. Monica Seles	304,53
2. Stefanie Graf	**271,72**
3. Martina Navratilova	199,60

4. Aranxta Sanchez-Vicario	188,38
5. Gabriela Sabatini	182,92
6. Jennifer Capriati	131,91
7. Mary Joe Fernandez	119,76
8. Conchita Martinez	104,45
9. Jana Novotna	86,80
10. Manuela Maleeva-Fragnière	81,15

Wie entsteht die Weltrangliste?

Errechnet wird die Liste wöchentlich von einem Computer der Damen-Tennisgewerkschaft WTA. Ausgangspunkt ist ein Punktewert, der sich aus der Höhe des ausgesetzten Preisgeldes aller Turniere ergibt. Je höher das Preisgeld und je weiter eine Spielerin im Turnier vordringt, desto höher ist die Punktzahl für die Rangliste. Die Siegerin von Wimbledon bekommt 350 sogenannte Ranglistenpunkte, die Halbfinalistin eines Turniers mit 25 000 Dollar Preisgeld nur knapp sieben. Zusätzlich bekommt man sogenannte Bonuspunkte. Sie entsprechen dem Ranglistenplatz der Gegnerinnen, die eine Spielerin im Verlauf eines Turniers geschlagen hat. Schlägt eine Spielerin Monica Seles oder Steffi Graf, erhält sie 58 oder 52 Bonuspunkte.
Bonus- und Ranglistenpunkte aller während der letzten 52 Wochen gespielten Turniere werden addiert und durch die Anzahl der Turniere dividiert. Nach einem Jahr werden Vorjahresergebnisse aus der Wertung gestrichen. Mindestens bei drei Turnieren muß man Ranglistenpunkte erzielt haben, um überhaupt in der Weltrangliste geführt zu werden. Aber die Gesamtpunktzahl aus allen Turnieren wird mindestens immer durch zwölf geteilt. Eine Spielerin, die nur bei elf oder weniger Turnieren

angetreten ist, wird damit benachteiligt. Bei Spielerinnen, die mehr als zwölf Turniere spielen, wächst der Teiler entsprechend.

Die Ranglistenpunkte

1)	2)	3)	4)	5)	6)	7)	8)	9)	10)
7	Grand Slam	350	245	158	88	44	22	11	1
6	andere 2-Wochen-Turniere	200	140	90	50	25	13	7	1
5	$ 300000	180	126	81	45	23	12	1	-
4	$ 250000	160	112	72	40	21	11	1	-
3	$ 200000	140	98	63	35	19	10	1	-
2	mittlere Turniere	120	84	54	30	16	9	1	-
1	kleinere Turniere	70	49	32	18	10	5	1	-
S25	$ 25000	15	10,5	6,75	3,75	2	1	-	-
S10M	$ 10000 Masters	6	4,5	3	1,5	1	-	-	-
S10	$ 10000	3	2	1,5	0,75	0,4	-	-	-

1) Kategorie
2) Preisgeld
3) Siegerin
4) Zweite
5) Halbfinalistinnen
6) Viertelfinalistinnen
7) Runde der letzten 16
8) Runde der letzten 32
9) Runde der letzten 64
10) 1. Runde

Die Bonuspunkte

Plazierung der Besiegten	Punkte
1	58
2	52
3-5	40
6-8	28
9-11	21
12-18	15
19-30	8
31-50	5
51-75	4
76-100	3
101-150	2
151-200	1
201-300	0,5

Die Geldrangliste 1992 im Damen-Tennis
(in US-Dollar)

1.	Monica Seles	2 622 352
2.	**Steffi Graf**	**1 691 139**
3.	Aranxta Sanchez-Vicario	1 376 355
4.	Gabriela Sabatini	1 207 565
5.	Martina Navratilova	731 933
6.	Natalia Zwerewa	657 694
7.	Mary Joe Fernandez	605 908
8.	Jana Novotna	511 184
9.	Gigi Fernandez	479 187
10.	Helena Sukova	473 112

Die „Top 15“ der Bestverdiener im deutschen Sport 1992
(Brutto-Jahresverdienste, geschätzt, Quelle: dpa)

1.	**Steffi Graf**	**12 000 000 DM**
2.	Boris Becker	10 500 000 DM
3.	Michael Stich	8 500 000 DM
4.	Bernhard Langer	6 000 000 DM
5.	Lothar Matthäus	4 200 000 DM
6.	Bernd Schuster	4 100 000 DM
7.	Thomas Häßler	3 250 000 DM
8.	Andreas Möller	3 200 000 DM
9.	Jürgen Klinsmann	3 000 000 DM
10.	Detlef Schrempf	2 700 000 DM
11.	Rudi Völler	2 600 000 DM
12.	Matthias Sammer	2 450 000 DM
13.	Jürgen Kohler	2 420 000 DM
14.	Thomas Doll	2 400 000 DM
15.	Karlheinz Riedle	2 300 000 DM

Alle Einzelspiele von Steffi Graf
(Oktober 1982 – Februar 1993)

1982

Filderstadt
Oktober
- Tracy Austin 4:6 0:6

1983

Toronto
April
- Angeliki Kanellopoulou 5:7 2:6

Bari
April
- Barbara Romano 6:7 6:3 1:6

Warwickshire
Mai
- Julie Salmon 6:7 7:5 6:2
- Deborah Jarrett 6:4 6:3
- Shelly Walpole 2:6 3:6

Paris (French Open)
Juni
- Carina Karlsson 6:2 6:1
- Beverly Mould 0:6 6:7

Hittfeld
Juli
- Diane Ballestrat 6:3 3:6 7:6
- Eva Pfaff 2:6 4:6

Freiburg
Juli
- Kate Brasher 6:3 7:6
- Sophie Amiach 6:3 6:3
- Renata Tomanova 6:4 6:0
- Catherine Tanvier 3:6 5:7

Utah
September
- Claudia Pasquale 6:1 6:2
- Kate Latham 5:7 7:6 4:6

Filderstadt
Oktober
- Renara Sasàk 6:1 6:3
- Jo Durie 0:6 3:6

Brisbane
November
- Anna Maria Fernandez 6:3 6:4
- Helena Sukova 2:6 3:6

Sydney
November
- Kristin Kinney 4:6 6:2 6:3
- Gigi Fernandez 4:6 1:6

Melbourne (Australian Open)
Dezember
- Elizabeth Smylie 1:6 Aufgabe Graf

1984

Miami
April
- Yvonne Vermaak 4:6 4:6

Hilton Head
April
- Camille Benjamin 3:6 1:6

Swiss Open
April
- Raffaella Reggi 5:7 4:6

Berlin (German Open)
Mai

- Anna Hobba	6:2 7:5
- Pat Medrado	6:4 6:7 6:0
- Bonnie Gadusek	6:0 6:4
- Claudia Kohde-Kilsch	3:6 0:6

Paris (French Open)
Juni

- Emilse Raponi Longo	6:2 7:6
- Shelly Solomon	6:2 6:1
- Claudia Kohde-Kilsch	2:6 6:2 1:6

Wimbledon
Juli

- Susan Mascarin	6:4 5:7 10:8
- Sue Barker	7:6 6:3
- Bettina Bunge	7:5 6:3
- Jo Durie	6:3 3:6 7:9

Los Angeles (Olympia-Demonstrationswettbewerb)
August

- Etsuko Inoue	6:3 7:5
- AnnaMaria Cecchini	0:6 6:3 6:4
- Pascal Paradis	6:0 6:1
- Raffaela Reggi	7:6 6:4
- Sabrina Goles	1:6 6:3 6:4

Mahwah, New Jersey
August

- Mary Lou Daniels	0:6 6:0 6:1
- Kathy Rinaldi	4:6 4:6

Flushing Meadow (US Open)
September

- Sylvia Hanika	4:6 2:6

Filderstadt
Oktober

- Andrea Temesvari	6:2 3:6 6:2
- Iva Budarova	6:1 6:1
- Claudia Kohde-Kilsch	6:2 2:6 6:2
- Andrea Leand	7:6 1:6 6:3
- Catarina Lindquist	1:6 4:6

Brighton
Oktober

- Catarina Lindquist	6:4 4:6 5:7

Brisbane
November

- Corinne Vanier	5:7 6:7

Sydney
November

-Linda Howell	7:5 4:6 6:3
- Rosalyn Fairbank	0:6 6:4 6:4
- Wendy Turnbull	2:6 5:7

Melbourne (Australien Open)
Dezember

- Sandy Colins	6:2 6:4
- Lea Antonoplis	2:6 6:1 6:0
- Wendy Turnbull	4:6 4:6

1985

Key Biscayne
Januar

- Jo Durie	6:2 4:6 5:7

Marco Island
Februar

- Elise Burgin	6:2 7:6
- Anne Minter	3:6 1:6

Delray Beach, Florida
Februar

- Sylvia Hanika	6:2 6:4
- Virginia Wade	6:2 6:2
- Catherina Tanvier	6:3 7:5
- Kathy Rinaldi	6:1 1:0 Aufgabe Rinaldi
- Andrea Temesvari	6:2 6:1
- Chris Evert	4:6 2:6

Hilton Head
April

- Angeliki Kanellopoulou	4:6	6:3	6:3
- Annabell Croft	6:1	6:4	
- Andreas Temesvari	6:0	1:0	
	Aufgabe Temesvari		
- Petra Huber	6:1	5:7	7:5
- Chris Evert	2:6	1:6	

Amelia Island
April

- Carina Karlsson	6:4	6:3	
- Joanne Russell	6:0	6:3	
- Pam Casale	6:4	6:2	
- Zina Garrison	7:6	1:6	2:6

Berlin (German Open)
Mai

- Jo Durie	3:6	6:2	6:3
- Etsuko Inoue	6:1	6:0	
- Kathleen Horwarth	6:1	6:3	
- Bettina Bunge	6:1	6:3	
- Chris Evert	4:6	5:7	

Paris (French Open)
Juni

- Emiko Okagawa	7:5	3:6	6:4
- Grace Kim	6:0	6:4	
- Bettina Bunge	6:1	7:6	
- Chris Evert	2:6	3:6	

Wimbledon
Juli

- Lisa Spain-Short	6:7	6:4	6:2
- Andrea Temesvari	6:3	7:6	
- Stephanie Rehe	6:3	6:2	
- Pam Shriver	6:3	2:6	4:6

Mahwah, New Jersey
August

- Amanda Brown	6:1	6:4	
- Katerina Maleeva	6:2	6:0	
- Kathy Jordan	6:4	6:4	
- Gabriela Sabatini	4:6	6:0	6:3
- Kathy Rinaldi	4:6	6:3	4:6

Flushing Meadow (US Open)
September

- Patty Fendick	4:6	6:1	7:5
- Anne Minter	6:3	7:6	
- Anne White	6:4	6:2	
- Manuela Maleeva-Fragnière	6:2	6:2	
- Pam Shriver	7:6	6:7	7:6
- Martina Navratilova	2:6	3:6	

Fort Lauderdale
Oktober

- Anna Maria Fernandez	6:1	6:2	
- Eva Kapl	6:4	6:1	
- Stephanie Rehe	7:5	4:6	6:2
- Bonnie Gadusek	6:3	7:6	
- Martina Navratilova	3:6	1:6	

Filderstadt
Oktober

- Molly van Nostrand	6:1	6:3	
- Kim Shaefer	6:2	6:2	
- Lisa Bonder-Kreiss	7:6	6:2	
- Pam Shriver	4:6	3:6	

Brighton
Oktober

- Catherine Tanvier	6:2	6:7	6:2
- Jo Durie	2:6	3:6	

1986

Key Biscayne
Februar

- Alycia Moulton	3:6	6:4	6:1
- Mary Joe Fernandez	6:0	6:1	
- Wendy Turnbull	6:1	6:3	
- Bonnie Gadusek	6:0	6:2	
- Chris Evert	3:6	1:6	

Boca Raton
Februar

- Melissa Gurney	1:6 7:5 6:1
- Shawn Foltz	6:2 6:4
- Sara Gomer	6:0 4:6 6:4
- Alycia Moulton	6:1 6:4
- Zina Garrison	6:2 6:7 6:3
- Helena Sukova	6:2 6:1
- Chris Evert	4:6 2:6

New York
März

- Gabriela Sabatini	6:0 6:7 6:2
- Pam Shriver	4:6 7:6 6:3
- Martina Navratilova	2:6 2:6

Hilton Head
April

- Mercedez Paz	6:4 6:4
- Tine Scheuer-Larsen	6:2 6:3
- Manuela Maleeva-Fragnière	6:4 7:5
- Hana Mandlikova	6:2 6:4
- Chris Evert	6:4 7:5

Amelia Island
April

- Niege Dias	6:4 6:4
- Sabrina Goles	6:0 6:3
- Laura Gildemeister	6:3 6:2
- Kathy Rinaldi	6:1 5:7 6:3
- Claudia Kohde-Kilsch	6:4 5:7 7:6

Indianapolis
Mai

- Mary Joe Fernandez	6:3 6:1
- Yvonne Vermaak	6:0 6:2
- Terry Phelps	6:4 6:3
- Mercedez Paz	6:3 6:2
- Gabriela Sabatini	2:6 7:6 6:4

Berlin (German Open)
Mai

- Amy Holton	6:1 6:1
- Sabrina Goles	6:1 6:0
- Andrea Temesvari	6:3 6:3
- Hana Mandlikova	Aufgabe Mandlikova
- Martina Navratilova	6:2 6:3

Paris (French Open)
Juni

- Andrea Betzner	6:1 6:0
- Gretchen Magers	6:1 6:1
- Marcella Mesker	6:2 6:1
- Pam Casale	6:1 6:3
- Hana Mandlikova	6:2 6:7 1:6

Federation Cup
Juli

- Ann Devries	6:3 6:1
- Pat Medrado	6:0 6:2

Mahwah, New Jersey
August

- Anne Minter	6:1 6:2
- Melissa Gurney	6:3 6:3
- Isabelle Demongeot	6:3 6:2
- Molly van Nostrand	7:5 6:1

Flushing Meadow (US Open)
September

- Susan Mascarin	6:0 6:1
- Andrea Temesvari	6:1 6:0
- Beverly Bowes	6:1 1:0 Aufgabe Bowes
- Raffella Reggi	6:1 3:6 6:0
- Bonnie Gadusek	6:3 6:1
- Martina Navratilova	1:6 7:6 6:7

Tokio
September

- Akiko Kijimuta	6:1 6:2
- Wendy White	7:6 7:5
- Catherine Tanvier	6:4 6:1
- Manuela Maleeva Fragnière	6:4 6:2

Hilversum
Oktober

- Nathalie Tauziat	6:1	6:2	
- Alycia Moulton	6:1	6:0	
- Stephanie Rehe	6:3	6:1	
- Eva Pfaff	6:0	6:1	
- Helena Sukova	4:6	6:2	6:4

Brighton
Oktober

- Christine Jolissaint	6:0	6:2	
- Raffaella Reggi	1:6	6:4	6:2
- Rosalyn Fairbank	6:1	6:2	
- Catarina Lindquist	6:3	6:3	

New York (Masters)
November

- Lori McNeil	7:5	4:6	6:2
- Manuela Maleeva-Fragnière	3:6	6:3	7:5
- Helena Sukova	7:6	3:6	6:1
- Martina Navratilova	6:7	3:6	2:6

1987

Boca Raton
Februar

- Angeliki Kanellopoulou	6:2	6:0	
- Sara Gomer	6:0	6:0	
- Claudia Kohde-Kilsch	7:6	6:2	
- Pam Shriver	6:4	6:3	
- Helena Sukova	6:2	6:3	

Key Biscayne
März

- Manon Bollegraf	6:1	6:1	
- Elise Burgin	6:3	6:4	
- Sara Gomer	6:1	6:0	
- Kathrin Keil	6:0	6:1	
- Lisa Kreiss-Bonder	6:0	6:1	
- Martina Navratilova	6:3	6:2	
- Chris Evert	6:1	6:2	

Hilton Head
April

- Mariana Perez-Roldan	6:2	6:0	
- Christine Calleja	6:1	6:2	
- Helen Kelesi	6:2	6:2	
- Gabriela Sabatini	6:3	2:6	7:6
- Manuela Maleeva-Fragnière	6:2	4:6	6:3

Amelia Island
April

- Vicki Nelson-Dunbar	6:2	6:2	
- Bettina Fulco	6:0	6:1	
- Manuela Maleeva-Fragnière	6:1	6:0	
- Gabriela Sabatini	6:2	6:2	
- Hana Mandlikova	6:3	6:4	

Italien Open
Mai

- Petra Huber	6:2	6:2	
- Sandra Cecchini	6:1	7:5	
- Bettina Fulco	6:4	6:4	
- Helena Sukova	6:3	6:3	
- Gabriela Sabatini	7:5	4:6	6:0

Berlin (German Open)
Mai

- Janine Thompson	6:4	6:1	
- Claudia Porwik	6:0	6:1	
- Nathalie Tauziat	6:2	6:1	
- Sandra Cecchini	6:3	6:7	6:4
- Claudia Kohde-Kilsch	6:2	6:3	

Paris (French Open)
Juni

- Csilla Bartos	6:1	6:1	
- Iva Budarova	6:1	6:1	
- Jana Novotna	6:0	6:1	
- Helen Kelesi	7:6	6:2	
- Manuela Maleeva-Fragnière	6:4	6:1	
- Gabriela Sabatini	6:4	4:6	7:5
- Martina Navratilova	6:4	4:6	8:6

Wimbledon
Juli

- Adriana Villagran	6:0	6:2	
- Tine Scheuer-Larsen	6:0	6:0	
- Laura Gildemeister	6:2	6:1	
- Jana Novotna	6:4	6:3	
- Gabriela Sabatini	4:6	6:1	6:1
- Pam Shriver	6:0	6:2	
- Martina Navratilova	5:7	3:6	

Federation Cup
August

- Patricia Hy	6:7	6:2	6:4
- Il-Soon Kim	6:1	6:1	
- Gabriela Sabatini	6:4	6:4	
- Hana Mandlikova	6:4	6:1	
- Chris Evert	6:2	6:1	

Los Angeles
August

- Terry Phelps	6:3	6:2
- Pascale Paradis	6:0	6:0
- Bettina Bunge	6:1	6:1
- Gabriela Sabatini	7:5	7:5
- Chris Evert	6:3	6:4

Flushing Meadow (US Open)
September

- Bettina Fulco	6:0	6:3	
- Petra Huber	6:2	6:3	
- Patricia Tarabini	6:2	6:0	
- Sylvia Hanika	7:5	6:2	
- Pam Shriver	6:4	6:3	
- Lori McNeil	4:6	6:2	6:4
- Martina Navratilova	6:7	1:6	

Hamburg
September

- Louise Field	6:1	6:2
- Bettina Fulco	6:2	6:4
- Wiltrud Probst	6:2	6:0
- Sandra Cecchini	6:0	6:2
- Isabel Cueto	6:2	6:2

Hilversum
November

- Claudia Porwik	6:0	6:1	
- Julie Halard	6:1	6:2	
- Katarina Maleeva	6:2	6:3	
- Manuela Maleeva-Fragnière	6:4	6:7	6:1
- Hana Mandlikova	6:2	6:2	

New York (Masters)
November

- Zina Garrison		6:0	6:3	
- Helena Sukova		6:2	2:0	
	Aufgabe Sukova			
- Sylvia Hanika		6:1	6:4	
- Gabriela Sabatini	4:6	6:4	6:0	6:4

1988

Melbourne (Australian Open)
Januar

- Amy Joensson	6:3	6:1
- Janine Thompson	6:0	6:1
- Cammy MacGregor	6:1	6:2
- Catarina Lindquist	6:0	7:5
- Hana Mandlikova	6:2	6:2
- Claudia Kohde-Kilsch	6:2	6:3
- Chris Evert	6:1	7:6

San Antonio, Texas
März

- Cammy MacGregor	6:1	6:2	
- Sara Gomer	6:3	6:2	
- Nathalie Tauziat	6:3	6:2	
- Lori McNeil	6:7	6:1	6:1
- Katerina Maleeva	6:4	6:1	

Boca Raton
März

- Lisa Bonder	6:1	6:1	
- Nathalie Tauziat	6:2	6:1	
- Pascale Paradis	6:1	6:2	
- Pam Shriver	6:4	4:6	7:6
- Gabriela Sabatini	6:2	3:6	1:6

Key Biscayne
März

- Jana Novotna	6:2 6:2
- Sara Gomer	6:1 6:3
- Rosalyn Fairbank	7:6 6:0
- Jo Durie	6:1 6:1
- Claudia Kohde-Kilsch	6:3 6:0
- Stephanie Rehe	6:3 6:1
- Chris Evert	6:4 6:4

Amelia Island
April

- Pilar Vasquez	6:1 6:0
- Donna Favwe	6:1 6:1
- Katarina Maleeva	6:2 6:0
- Gabriela Sabatini	3:6 6:4 5:7

Berlin (German Open)
Mai

- Julie Halard	6:0 6:1
- Silke Meier	6:2 6:1
- Nicole Provis	6:0 6:2
- Claudia Kohde-Kilsch	6:1 6:0
- Helena Sukova	6:3 6:2

Paris (French Open)
Juni

- Natalie Guerre	6:0 6:4
- Ronnie Reis	6:1 6:0
- Susan Sloane	6:0 6:1
- Nathalie Tauziat	6:1 6:3
- Bettina Fulco	6:0 6:1
- Gabriela Sabatini	6:3 7:6
- Natalia Zwerewa	6:0 6:0

Wimbledon
Juli

- Hu Na	6:0 6:0
- Karine Quentrec	6:2 6:0
- Terry Phelps	6:3 6:1
- Mary Joe Fernandez	6:2 6:2
- Pascale Paradis	6:3 6:1
- Pam Shriver	6:1 6:2
- Martina Navratilova	5:7 6:2 6:1

Hamburg
Juli

- Regina Marsikova	6:0 6:3
- Sabrina Goles	6:4 6:2
- Raffaella Reggi	6:0 6:0
- Bettina Fulco	6:2 6:3
- Katerina Maleeva	6:4 6:2

Mahwah, New Jersey
August

- Aranxta Sánchez-Vicario	6:2 6:0
- Sylvia Hanika	6:2 6:1
- Helena Sukova	6:1 6:1
- Mary Joe Fernandez	6:0 6:1

Flushing Meadow (US Open)
September

- Elizabeth Minter	6:1 6:1
- Manon Bollegraf	6:1 6:0
- Nathalie Herreman	6:0 6:1
- Patty Fendick	6:4 6:2
- Katarina Maleeva	6:3 6:0
- Chris Evert	Aufgabe Evert
- Gabriela Sabatini	6:3 3:6 6:1

Seoul (Olympia)
Oktober

- Leila Meshki	7:5 6:1
- Catherine Suire	6:3 6:0
- Larissa Sawschenko	6:2 4:6 6:3
- Zina Garrison	6:2 6:0
- Gabriela Sabatini	6:3 6:3

Brighton
Oktober

- Iva Budarova	6:3 6:2
- Hester Witvoet	6:1 6:1
- Nathalie Tauziat	6:3 6:2
- Lori McNeil	6:2 5:7 6:4
- Manuela Maleeva-Fragnière	6:2 6:0

New York (Masters)
November

- Claudia Kohde-Kilsch	6:1 4:6 6:1
- Manuela Maleeva-Fragnière	6:1 6:3
- Pam Shriver	3:6 6:7

1989

Perth (Hopman-Cup)
Januar

- Pascale Paradis	6:2 6:1
- Hana Mandlikova	6:0 6:1

Melbourne (Australian Open)
Januar

- Kerry-Anne Guse	6:2 6:1
- Rene Simpson	6:0 6:0
- Marianne Werdel	6:0 6:1
- Nicole Provis	6:4 6:0
- Claudia Kohde-Kilsch	6:2 6:3
- Gabriela Sabatini	6:3 6:0
- Helena Sukova	6:4 6:4

Fairfax, Virginia
Februar

- Stacey Martin	6:1 6:1
- Carling Bassett-Seguso	6:0 6:0
- Helen Kelesi	6:0 6:1
- Natalia Zwerewa	6:3 6:4
- Zina Garrison	6:1 7:5

San Antonio, Texas
März

- Beth Herr	6:0 6:1
- Leigh Anne Eldredge	6:0 6:1
- Terry Phelps	6:3 6:0
- Hana Mandlikova	7:6 6:3
- Ann Hendricksson	6:1 6:4

Boca Raton
März

- Elna Reinach	6:1 6:2
- Susan Sloane	6:0 6:1
- Helen Kelesi	6:1 6:1
- Helena Sukova	6:2 6:1
- Chris Evert	4:6 6:2 6:3

Hilton Head Island
April

- Rosalyn Fairbank	6:4 6:3
- Regina Rajchrtova	6:0 6:2
- Radka Zrubakova	6:2 6:1
- Aranxta Sánchez-Vicario	6:2 6:4
- Natalia Zwerewa	6:1 6:1

Amelia Island
April

- Elise Burgin	6:1 6:2
- Laura Lapi	6:1 6:0
- Hana Mandlikova	6:3 6:4
- Aranxta Sánchez-Vicario	6:3 6:2
- Gabriela Sabatini	6:3 3:6 5:7

Hamburg
Mai

- Sabina Hack	Aufgabe Hack
- Nicole Jagermann	7:5 6:3
- Rachel McQuillan	6:1 6:0
- Bettina Fulco	6:4 6:0
- Jana Novotna	Aufgabe Novotna

Berlin (German Open)
Mai

- Tine Scheuer-Larsen	7:5 6:4
- Niege Dias	6:0 6:0
- Sandra Cecchini	6:2 6:0
- Helen Kelesi	6:2 6:0
- Gabriela Sabatini	6:3 6:1

Paris (French Open)
Juni

- Camille Benjamin	6:1 6:1
- Bettina Fulco	6:0 6:1
- Silvia la Fratta	6:2 6:1
- Conchita Martinez	6:0 6:4
- Monica Seles	6:3 3:6 6:3
- Aranxta Sánchez-Vicario	6:7 6:3 5:7

Wimbledon
Juli

- Julie Slamon	6:1 6:2
- Kimberly Kessaris	6:2 6:1
- Anne Minter	6:1 6:3
- Monica Seles	6:0 6:1
- Aranxta Sánchez-Vicario	7:5 6:1
- Chris Evert	6:2 6:1
- Martina Navratilova	6:2 6:7 6:1

San Diego
August

- Rene Simpson	6:0 6:0
- Betsy Nagelsen	6:1 6:1
- Claudia Kohde-Kilsch	6:0 6:0
- Bettina Bunge	6:1 6:2
- Zina Garrison	6:4 7:5

Mahwah, New Jersey
August

- Kimberly Kessaris	6:0 6:0
- Etsuko Inoue	6:1 6:1
- Hana Mandlikova	6:0 6:1
- Linda Ferrando	6:1 6:2
- Andrea Temesvari	7:5 6:2

Flushing Meadow (US Open)
September

- Etsuko Inoue	6:3 6:1
- Nathalie Herreman	6:1 6:1
- Terry Phelps	6:1 6:1
- Rosalyn Fairbank	6:4 6:0
- Helena Sukova	6:1 6:1
- Gabriela Sabatini	3:6 6:4 6:2
- Martina Navratilova	3:6 7:5 6:1

Federation Cup
Oktober

- Anne Aallonen	6:0 6:1
- Akiko Kijimuta	6:4 6:1
- Helena Sukova	6:2 6:1

Zürich
Oktober

- Patty Fendick	6:3 6:1
- Dinky van Rensburg	6:2 6:1
- Karine Quentrec	6:2 6:3
- Jana Novotna	6:1 7:6

Brighton
Oktober

- Laura Garrone	6:0 6:0
- Claudia Kohde-Kilsch	6:0 6:3
- Elna Reinach	6:3 6:1
- Jana Novotna	4:6 6:3 6:3
- Monica Seles	7:5 6:4

New York (Masters)
November

- Jana Novotna	6:3 6:4
- Helena Sukova	6:2 6:1
- Gabriela Sabatini	6:3 5:7 6:1
- Martina Navratilova	6:4 7:5 2:6 6:2

1990

Melbourne (Australian Open)
Januar

- Carrie Cunningham	6:2 7:5
- Erika de Lone	6:1 6:2
- Leila Meshki	6:4 6:1
- Raffaella Reggi	6:2 6:3
- Patty Fendick	6:3 7:5
- Helena Sukova	6:3 3:6 7:5
- Mary Joe Fernandez	6:3 6:4

Tokio
Februar

- Nicole Jagermann	6:0 6:1
- Larissa Sawschenko	6:0 6:3
- Manuela Maleeva-Fragnière	6:4 6:4
- Aranxta Sánchez-Vicario	6:1 6:2

Amelia Island
April

- Petra Langrova	6:1 6:0
- Andrea Temesvari	6:0 6:1
- Carling Bassett-Seguso	6:4 6:4
- Natalia Zwerewa	7:6 6:7 6:1
- Aranxta Sánchez-Vicario	6:1 6:0

Hamburg
Mai

- Laura Lapi	6:1 6:2
- Nicole Provis	6:0 6:2
- Helena Sukova	6:1 6:2
- Judith Wiesner	6:4 6:2
- Aranxta Sánchez-Vicario	5:7 6:0 6:1

Berlin (German Open)
Mai

- Mercedes Paz	6:1 6:2
- Katia Piccolini	6:0 6:1
- Leila Meshki	6:4 6:1
- Natalia Zwerewa	6:4 6:2
- Monica Seles	4:6 3:6

Paris (French Open)
Juni

- Pascale Paradis	6:0 6:2
- Jennifer Santrock	6:1 6:2
- Sandra Cecchini	6:2 6:3
- Nathalie Tauziat	6:1 6:4
- Conchita Martinez	6:1 6:3
- Jana Novotna	6:1 6:2
- Monica Seles	6:7 4:6

Wimbledon
Juli

- Claudia Porwik	6:1 6:2
- Meredith McGrath	6:3 6:0
- Claudia Kohde-Kilsch	6:0 6:4
- Jennifer Capriati	6:2 6:4
- Jana Novotna	7:5 6:2
- Zina Garrison	3:6 6:3 4:6

Montreal
August

- Monique Javer	6:1 6:2
- Lori McNeil	7:5 6:3
- Natalia Zwerewa	6:0 6:4
- Nathalie Tauziat	6:2 6:2
- Katerina Maleeva	6:1 6:7 6:3

San Diego
August

- Stephanie Rehe	6:0 6:3
- Kathy Rinaldi	6:3 6:4
- Nathalie Tauziat	6:3 6:2
- Zina Garrison	6:4 7:5
- Manuela Maleeva-Fragnière	6:3 6:2

Flushing Meadow (US Open)
September

- Maureen Drake	6:1 6:1
- Rachel McQuillan	6:1 6:3
- Elna Reinach	6:4 3:6 6:1
- Jennifer Capriati	6:1 6:2
- Jana Novotna	6:3 6:1
- Aranxta Sánchez-Vicario	6:1 6:2
- Gabriela Sabatini	2:6 6:7

Leipzig
September

- Laura Golarsa	6:3 6:2
- Manon Bollegraf	6:1 6:2
- Conchita Martinez	7:6 7:6
- Aranxta Sánchez-Vicario	6:1 6:1

Zürich
Oktober

- Andrea Leand	6:1 6:4
- Dinky van Rensburg	6:1 6:4
- Nathalie Tauziat	6:4 6:1
- Manuela Maleeva-Fragnière	6:7 6:2 6:3
- Gabriela Sabatini	6:3 6:2

Brighton
Oktober

- Cecilia Dahlman	6:2 6:2
- Nathalie Tauziat	6:2 6:2
- Catarina Lindquist	6:2 7:5
- Helena Sukova	7:5 6:3

Worcester, Massachusetts
November

- Anne Smith	6:0 6:4
- Natalia Zwerewa	6:0 6:1
- Manuela Maleeva-Fragnière	7:6 6:7 6:3
- Gabriela Sabatini	7:6 6:3

New York (Masters)
November

- Jennifer Capriati	6:3 5:7 6:3
- Katarina Maleeva	6:0 6:0
- Gabriela Sabatini	4:6 4:6

1991

Melbourne (Australian Open)
Januar

- Jennifer Santrock	6:3 6:0
- Maya Kidowaki	6:1 6:0
- Nicole Provis	6:4 6:2
- Karina Habsudova	6:0 6:1
- Jana Novotna	5:7 6:4 3:6

Tokio
Februar

- Anke Huber	6:2 6:3
- Gabriela Sabatini	6:4 4:6 6:7

Boca Raton
März

- Cecilia Dahlman	Aufgabe Dahlman
- Anke Huber	6:0 6:1
- Meredith McGrath	6:3 6:1
- Nathalie Tauziat	6:1 6:2
- Gabriela Sabatini	4:6 6:7

Key Biscayne
März

- Erika de Lone	6:1 6:2
- Gretchen Magers	6:3 6:0
- Marianne Werdel	6:0 6:1
- Manuela Maleeva-Fragnière	6:1 6:3
- Gabriela Sabatini	6:0 6:7 1:6

San Antonio, Texas
März

- Audra Keller	6:2 6:1
- Monique Javer	6:3 6:1
- Susan Sloane	6:1 6:1
- Julie Halard	6:0 6:1
- Monica Seles	6:4 6:3

Amelia Island
April

- Rene Simpson-Alter	6:4 6:0
- Isabel Cueto	6:1 6:1
- Natalia Zwerewa	6:0 6:2
- Patty Fendick	6:0 6:1
- Gabriela Sabatini	5:7 6:7

Hamburg
Mai

- Marketa Kochta	6:1 6:3
- Julie Halard	6:2 6:3
- Katerina Maleeva	6:3 6:3
- Judith Wiesner	6:0 6:1
- Monica Seles	7:5 6:7 6:3

Berlin (German Open)
Mai

- Nicole Jagerman	6:2 6:3
- Elena Brioukhovets	6:0 6:1
- Radka Zrubakova	6:3 6:2
- Jana Novotna	6:1 6:0
- Aranxta Sánchez-Vicario	6:3 4:6 7:6

Paris (French Open)
Mai

- Magdalena Maleeva	6:3 7:6
- Petra Langrova	6:0 6:1
- Shaun Staddord	6:0 6:1
- Sabine Appelmans	6:2 6:2
- Nathalie Tauziat	6:3 6:2
- Aranxta Sánchez-Vicario	0:6 2:6

Wimbledon
Juli

- Sabine Appelmans	6:2 6:2
- Peanut Harper-Louie	6:0 6:1
- Yayuk Basuki	6:2 6:3
- Amy Frazier	6:2 6:1
- Zina Garrison	6:1 6:3
- Mary Joe Fernandez	6:2 6:4
- Gabriela Sabatini	6:4 3:6 8:6

Federation Cup
Juli

- Angeliki Kanellopoulou	6:1 6:2
- Patricia Hy	6:3 3:6 6:2

Flushing Meadow (US Open)
September

- Andrea Temesvari	6:1 6:2
- Catherine Mothes	6:0 6:0
- Eva Sviglerova	6:4 7:5
- Judith Wiesner	7:5 6:4
- Conchita Martinez	6:3 6:3
- Martina Navratilova	6:7 7:6 4:6

Leipzig
Oktober

- Petra Langrova	6:0 6:1
- Judith Wiesner	6:1 7:6
- Barbara Paulus	6:1 6:1
- Jana Novotna	6:3 6:3

Zürich
Oktober

- Eva Pfaff	6:1 7:6
- Andrea Strnadova	6:2 6:4
- Marketa Kochta	6:2 6:1
- Helena Sukova	6:4 6:3
- Nathalie Tauziat	6:4 6:4

Brighton
Oktober

- Katrina Adams	7:6 6:3
- Andrea Strnadova	6:2 6:3
- Lori McNeil	7:5 6:2
- Barbara Paulus	7:5 6:1
- Zina Garrison	5:7 6:4 6:1

New York (Master)
November

- Conchita Martinez	6:0 6:3
- Jana Novotna	3:6 6:3 1:6

1992

Perth (Hopman-Cup)
Januar

- Julie Halard	6:0 7:5
- Helena Sukova	6:2 1:6 Aufgabe Graf

Chicago
Februar

- Rika Hiraki	6:0 6:0
- Manon Bollegraf	6:2 6:1
- Jana Novotna	6:0 3:6 5:7

Boca Raton
März

- Linda Ferrando	6:1 6:2
- Naoko Sawamatsu	6:0 6:1
- Zina Garrison	6:0 5:7 7:5
- Mary Joe Fernandez	6:0 7:5
- Conchita Martinez	3:6 6:2 6:0

Key Biscayne
März

- Wiltrud Probst	6:3 6:1
- Raffaella Reggi-Concato	6:2 6:2
- Kimiko Date	7:6 5:7 6:4
- Mary Joe Fernandez	7:6 6:4
- Gabriela Sabatini	6:3 6:7 1:6

Amelia Island
April

- Silke Meier	7:5	6:1	
- Brenda Schultz	6:2	6:2	
- Leila Meshki	6:0	6:2	
- Aranxta Sánchez-Vicario	6:7	6:4	6:3
- Gabriela Sabatini	2:6	6:1	3:6

Hamburg
Mai

- Debbie Graham	6:0	7:6	
- Magdalena Maleeva	6:2	6:3	
- Leila Meshki	6:2	6:2	
- Anke Huber	6:3	6:0	
- Aranxta Sánchez-Vicario	7:6	6:2	

Berlin (German Open)
Mai

- Mercedes Paz	6:2	6:4	
- Helena Sukova	6:3	3:6	6:2
- Julie Halard	6:1	6:2	
- Jennifer Capriati	2:6	6:3	6:4
- Aranxta Sánchez-Vicario	4:6	7:5	6:2

Paris (French Open)
Juni

- Rene Simpson-Alter	6:3	6:1	
- Nathalie Housset	6:2	6:1	
- Amanda Coetzer	6:2	6:1	
- Jana Novotna	6:1	6:4	
- Natalia Zwerewa	6:3	6:7	6:3
- Aranxta Sánchez-Vicario	0:6	6:2	6:2
- Monica Seles	2:6	6:3	8:10

Wimbledon
Juli

- Noelle van Lottum	6:1	6:0	
- Marianne Werdel	6:1	6:1	
- Mariaan de Swardt	5:7	6:0	7:5
- Patty Fendick	4:6	6:3	6:2
- Natalia Zwerewa	6:3	6:1	
- Gabriela Sabatini	6:3	6:3	
- Monica Seles	6:2	6:1	

Frankfurt (Federation Cup)
Juli

- Claudine Toleafoa	6:2	6:1	
- Brenda Schultz	6:3	7:6	
- Kataryna Nowak	6:0	6:0	
- Lori McNeil	6:0	6:3	
- Aranxta Sánchez-Vicario	6:4	6:2	

Barcelona (Olympia)
August

- Lupita Novelo	6:1	6:1	
- Brenda Schultz	6:1	6:0	
- Magdalena Maleeva	6:3	6:4	
- Sabine Appelmans	6:1	6:0	
- Mary Joe Fernandez	6:4	6:2	
- Jennifer Capriati	6:3	3:6	4:6

Flushing Meadow (US Open)
September

- Halle Cioffi	6:0	6:2	
- Pam Shriver	7:5	6:3	
- Nanne Dahlman	6:4	6:2	
- Florencia Labat	6:2	6:2	
- Aranxta Sánchez-Vicario	6:7	3:6	

Leipzig
Oktober

- Petra Begerow	6:1	6:0	
- Larissa Sawschenko-Neilan	6:3	6:3	
- Magdalena Maleeva	6:2	6:2	
- Katerina Maleeva	6:1	6:1	
- Jana Novotna	6:3	1:6	6:4

Zürich
Oktober

- Karina Habsudova	7:5	6:1	
- Wiltrud Probst	6:0	6:2	
- Judith Wiesner	7:5	6:4	
- Jana Novotna	6:2	4:6	7:6
- Martina Navratilova	2:6	7:5	7:5

Brighton
Oktober

- Larissa Sawschenko-Neilan	6:2 6:3
- Andrea Strnadova	6:0 6:4
- Lori McNeil	6:0 6:2
- Anke Huber	7:5 6:2
- Jana Novotna	4:6 6:4 7:6

Philadelphia
November

- Elena Brioukhovets	6:0 6:1
- Conchita Martinez	6:1 6:1
- Jennifer Capriati	6:0 6:1
- Aranxta Sánchez-Vicario	6:3 3:6 6:1

New York (Masters)
November

- Lori McNeil	6:7 4:6

1993

Perth (Hopman-Cup)
Januar

- Natalia Medwedewa	6:2 6:1
- Nathalie Tauziat	6:3 6:4
- Aranxta Sánchez-Vicario	6:4 6:3

Melbourne (Australian Open)
Januar

- Nathalie Herreman	6:2 6:1
- Jennifer Santrock	6:1 6:1
- Claudia Porwik	6:1 Aufgabe Porwik
- Magdalena Maleeva	6:3 6:3
- Jennifer Capriati	7:5 6:2
- Aranxta Sánchez-Vicario	7:5 6:4
- Monica Seles	6:4 3:6 2:6

Tokio
Februar

- Kimiko Date	6:1 7:5
- Natalja Zwerewa	6:2 6:0
- Yone Kamio	6:1 6:2
- Martina Navratilova	6:4 3:6 3:6

Da sträubt sich das Haar – vor Kraft …

Visitenkarte

Name:	Graf
Vorname:	Stefanie Maria
Geburtstag:	14. Juni 1969
Geburtsort:	Mannheim
Wohnsitz:	Brühl / Boca Raton / New York
Größe:	1,74 m
Gewicht:	52 kg
Haarfarbe:	blond
Farbe der Augen:	blau
Beruf:	Tennis-Profi
Spielweise:	Rechtshänderin
Unterschrift:	

Autogrammadresse: Luftschiffring 8, D-6831 Brühl

Berlin im Mai 1988: Heftig und hart – eine Peitsche legt los ...

Beschwörend: Was will den „Ritchie, der Weise“ von Stefanie?

Nachsatz

„Man spielt so selten gegen die beste Tennisspielerin der Welt.“ Stefanie Graf sagt es mit spürbarer Überwindungskraft, Ende Januar in Melbourne, wenige Stunden vor dem Finale der Australian Open ’93 auf dem harten „Rebound Ace“ gegen Monica Seles. Die Deutsche geht nach glänzendem Jahresauftakt in ein Hoffnungsspiel: Wie stark werden Schlagfertigkeit und Nervenkraft gegen die Branchenführerin sein? Die hat seit den French Open 1990 acht Grand-Slam-Turniere bestritten und sieben davon gewonnen, lediglich Wimbledon 1992 verloren, gegen Graf. Und Stefanie weiß in jenen Januartagen: Die Vorhand stimmt; auch die formidable Rückhand, wird sie aus dem gesamten Körper gezogen und nicht nur aus dem Handgelenk geholt, ist wieder zu einem Störfaktor geworden. Der die Gegnerinnen von Ecke zu Ecke treibt und Möglichkeiten schafft, mit einem hämmernden Vorhandschlag den Ballwechsel zu beenden.

Monica Seles – die heimliche Lehrerin der Stefanie Graf? Die Serbin fordert die Deutsche immer wieder heraus, zwingt sie auch, den Widerstand gegen Netzattacken aufzugeben und auch mal ganz vorn „abzuräumen“ – selbst auf die Gefahr hin, ab und zu passiert zu werden. „Durch Monica Seles habe ich einen neuen Anschub bekommen, mich zu verbessern, mich noch energischer reinzuhängen.“ Wieder so ein Satz, der ihr schwer über die Zunge geht.

Beidhändige Sense oder harmonische Tänzerin? Seles gegen Graf – dieses Duell gerät immer wieder zum bezeichnenden Spiel zweier junger Frauen, das in besonderer Weise die Krux der Damen-Spitze aufzeigt: Kaum Kommunikation, nicht mal Streit, ein gegenseitiges Herunterspielen der Gespanntheiten. Das Aufeinandertreffen der Unverträglichkeiten. Graf bringt Ausstrahlung mit auf den Platz, den Drang zur Perfektion; Seles gleicht der Hechlerin, die sich die Seele aus dem Leib schlägt. Es muß der sensiblen, leicht verletzlichen Stefanie Graf sehr weh tun, gegen eine Spielerin prononcierter Dickfelligkeit zu verlieren, die das selbstgesetzte Maß der hohen Spielkultur gnadenlos pragmatisch, geradezu gewalttätig verletzt.
Stefanie Graf weiß, viele Tennisfreunde würden den Wechsel an der Spitze als gerecht empfinden. Der Unterschied zwischen beiden zeigt sich auch im Widerspruch von Resultaten und allgemeiner Symphatie. Aber: Die Deutsche verliert die Australian Open gegen Monica Seles!
Stefanie Graf geht traurig vom Platz, aber gefaßt. Und in den Sinn kommt, was sie vor einiger Zeit über den Gitarristen Carlos Santana sagte: „Wir saßen nach einem Konzert noch lange zusammen. Und Carlos sagte, er sei am besten, wenn er automatisch spielt und nicht nachdenkt, was passiert, wenn er jetzt dieses oder jenes machen würde. Und der Mann stand dreieinhalb Stunden auf der Bühne! Jede andere Gruppe hört nach 90 Minuten auf. Ich konnte das nicht verstehen. Aber er erzählte, daß es für ihn ganz einfach sei, solange es ihm Spaß macht und er nicht darüber nachdenkt."
Die eigentliche Prüfung für diese begnadete Tennisspielerin, die so gar nicht ins Wunschklischee, ins Muster einer

medienverdorbenen Zirkuswelt paßt: sich nicht selbst zu zerdenken.

Don't think, try to live – and catch the sun.

Carlos Santana. Stefanie Graf. Immer wieder Aufschlagspiel.

Aber was du so angestrengt anstarrst, der Schläger verlängert dabei den gestrafften Körper – ach, es ist doch nur ein kleiner, gelber Ball …

Hans-Dieter Schütt

Stichworte

(Zahlen = Quellennachweise)

Quellenverzeichnis

März 1982	Berliner Morgenpost (1)
Oktober 1982	Frankfurter Allgemeine (2)
April 1986	Spiegel (3)
Juni 1986	Berliner Morgenpost (4)
Juni 1986	Bunte (5)
Juli 1986	Bunte (6)
Dezember 1986	Quick (7)
Januar 1987	Bunte (8)
Februar 1987	Bunte (9)
März 1987	Die Welt (10)
April 1987	Funkuhr (11)
April 1987	Quick (12)
Mai 1987	Berliner Morgenpost (13)
Mai 1987	Die Welt (14)
Juni 1987	Welt am Sonntag
Juli 1987	sid (16)
August 1987	Die Welt (17)
September 1987	Stuttgarter Nachrichten (18)
Oktober 1987	Berliner Rundfunk (19)
Oktober 1987	Die Welt (20)
Oktober 1987	Welt am Sonntag (21)
November 1987	Berliner Morgenpost (22)
November 1987	Hamburger Abendblatt (23)
November 1987	Quick (24)
Dezember 1987	Frankfurter Rundschau (25)

Dezember 1987	Die Zeit (26)
Februar 1988	Spiegel (27)
März 1988	BZ (28)
April 1988	Sport-Bild (29)
Mai 1988	Bild (30)
Mai 1988	Welt am Sonntag (31)
Juni 1988	Bunte (32)
Juli 1988	Quick (33)
Juli 1988	sid (34)
August 1988	Deutschlandfunk (35)
August 1988	Hamburger Abendblatt (36)
August 1988	Welt am Sonntag (37)
September 1988	Die Presse (38)
Oktober 1988	Berliner Morgenpost (39)
Oktober 1988	Die Welt (40)
Oktober 1988	Saarländischer Rundfunk (41)
Oktober 1988	sid (42)
Oktober 1988	Welt am Sonntag (43)
November 1988	Le Monde (44)
November 1988	Standard (45)
Februar 1989	Bild (46)
März 1989	ARD (47)
April 1988	Berliner Morgenpost (48)
Mai 1989	Hör zu (49)
Juni 1989	stern (50)
Juli 1989	Münchner Merkur (51)
August 1989	Deutsches Sportecho (52)
August 1989	Westfälische Allgemeine (53)
Oktober 1989	BZ (54)
Oktober 1989	Die Presse (55)
November 1989	Deutsches Sportecho (56)
November 1989	Frankfurter Allgemeine Zeitung (57)
November 1989	Profil (58)

Dezember 1989	Der Tagesspiegel (59)
Januar 1990	ARD (60)
Januar 1990	BZ am Abend (61)
Februar 1990	Der Morgen (62)
Februar 1990	Die Welt (63)
März 1990	Berliner Morgenpost (64)
März 1990	Das Blatt (65)
März 1990	Il Messagero (66)
April 1990	Hamburger Morgenpost (67)
April 1990	Tennis-revue (68)
Mai 1990	Das Blatt (69)
Mai 1990	Die Welt (70)
Mai 1990	sid (71)
Mai 1990	stern (72)
Juni 1990	Frankfurter Rundschau (73)
Juni 1990	Berliner Morgenpost (74)
Juni 1990	Frankfurter Rundschau (75)
Juni 1990	Sport-Bild (76)
Juni 1990	stern (77)
Juli 1990	Deutschlandfunk (78)
Juli 1990	Die Welt (79)
Juli 1990	Frankfurter Rundschau (80)
Juli 1990	Fuwo (81)
Juli 1990	Playboy (82)
Juli 1990	Quick (83)
Juli 1990	Standard (84)
Juli 1990	stern (85)
Juli 1990	Süddeutsche Zeitung (86)
August 1990	Berliner Rundfunk (87)
August 1990	Die Zeit (88)
August 1990	Frankfurter Rundschau (89)
August 1990	Münchner Abendzeitung (90)
August 1990	Quick (91)

August 1990	Wiener (92)
August 1990	ZDF (93)
September 1990	AFP (94)
September 1990	Kölner Expreß (95)
September 1990	Sender Freies Berlin (96)
September 1990	Tribüne (97)
September 1990	ZDF (98)
Oktober 1990	Sender Freies Berlin (99)
Oktober 1990	sid (100)
Oktober 1990	taz (101)
Oktober 1990	Tribüne (102)
November 1990	Berliner Morgenpost (103)
November 1990	BZ (104)
November 1990	Kicker (105)
November 1990	Wochenpost (106)
Dezember 1990	Berliner Zeitung (107)
Dezember 1990	Quick (108)
Januar 1991	Bayerischer Rundfunk (109)
Januar 1991	Berliner Morgenpost (110)
Januar 1991	Bild (111)
Januar 1991	Frankfurter Rundschau (112)
Januar 1991	Greif-Literaturmagazin (113)
Januar 1991	Le Monde (114)
Januar 1991	Standard (115)
Januar 1991	Washington Post (116)
Januar 1991	ZDF (117)
Februar 1991	Bild (118)
Februar 1991	Österreichischer Rundfunk (119)
Februar 1991	Süddeutsche Zeitung (120)
Februar 1991	Tagesspiegel (121)
März 1991	Berliner Zeitung (122)
März 1991	Die Presse (123)
März 1991	Le Monde (124)

April 1991	Berliner Zeitung (125)
April 1991	Deutschlandfunk (126)
April 1991	SAT.1 (127)
April 1991	ZDF (128)
Mai 1991	Berliner Morgenpost (129)
Mai 1991	Bild (130)
Mai 1991	BZ (131)
Mai 1991	Die Zeit (132)
Mai 1991	Hör zu (133)
Mai 1991	Kölner Expreß (134)
Mai 1991	Super (135)
Juni 1991	Kicker (136)
Juni 1991	Sender Freies Berlin (137)
Juli 1991	BZ (138)
Juli 1991	France Soir (139)
Juli 1991	Le Monde (140)
Juli 1991	Top Tennis '91 (141)
Juli 1991	Sport-Bild (142)
August 1991	Fuwo (143)
Oktober 1991	Berliner Kurier (144)
Oktober 1991	Berliner Zeitung (145)
Oktober 1991	Bild (146)
Oktober 1991	Deutschlandfunk (147)
Oktober 1991	Frankfurter Allgemeine Zeitung (148)
Oktober 1991	Sport-Bild (149)
Oktober 1991	Sport Zürich (150)
Oktober 1991	Super (151)
November 1991	Berliner Rundfunk (152)
November 1991	Quick (153)
November 1991	Sport-Bild (154)
Dezember 1991	Berliner Morgenpost (155)
Dezember 1991	Die Welt (156)
Dezember 1991	dpa (157)

Dezember 1991	Fuwo (158)
Dezember 1991	Paris Match (159)
Dezember 1991	RTL-plus (160)
Dezember 1991	sid (161)
Dezember 1991	Sport-Bild (162)
Januar 1992	Die Presse (163)
Januar 1992	dpa (164)
Januar 1992	Rias II (165)
Januar 1992	RTL-plus (166)
Januar 1992	Standard (167)
Januar 1992	Sport-Bild (168)
Januar 1992	Stuttgarter Zeitung (169)
Januar 1992	Super (170)
Februar 1992	Die Welt (171)
Februar 1992	Sat.1 (172)
März 1992	BZ (173)
März 1992	Deutschlandfunk (174)
März 1992	Kicker (175)
März 1992	Kölner Expreß (176)
März 1992	sid (177)
April 1992	Berliner Zeitung (178)
April 1992	Deutschlandfunk (179)
April 1992	Le Monde (180)
April 1992	ORB (181)
April 1992	Rheinischer Merkur (182)
April 1992	Super (183)
April 1992	taz (184)
April 1992	ZDF (185)
Mai 1992	Berliner Kurier (186)
Mai 1992	Berliner Rundfunk (187)
Mai 1992	Junge Welt (188)
Mai 1992	ZDF (189)
Mai 1992	Wiener (190)

Juni 1992	ADN (191)
Juni 1992	Bayern-Kurier (192)
Juni 1992	Bergsträßer Echo (193)
Juni 1992	Berliner Zeitung (194)
Juni 1992	European (195)
Juni 1992	Neue Zeit (196)
Juni 1992	Sports (197)
Juni 1992	Tagesspiegel (198)
Juli 1992	Berliner Zeitung (199)
Juli 1992	Bild (200)
Juli 1992	Blitz-Kurier (201)
Juli 1992	Playboy (202)
Juli 1992	Washington Post (203)
Juli 1992	Wochenpost (204)
August 1992	Berliner Kurier (205)
August 1992	Radio Luxemburg (206)
August 1992	ZDF (207)
September 1992	Frankfurter Allgemeine Zeitung (208)
September 1992	Neues Deutschland (209)
Oktober 1992	Deutschlandfunk (210)
Oktober 1992	Die Welt (211)
November 1992	ARD (212)
November 1992	BZ (213)
November 1992	Sport-Bild (214)
November 1992	Tagesspiegel (215)
Dezember 1992	Bild (216)
Dezember 1992	Bunte (217)
Dezember 1992	Deutschlandfunk (218)
Dezember 1992	Die Welt (219)
Januar 1993	dpa (220)
Januar 1993	Sport-Bild (221)
März 1993	MAX (222)